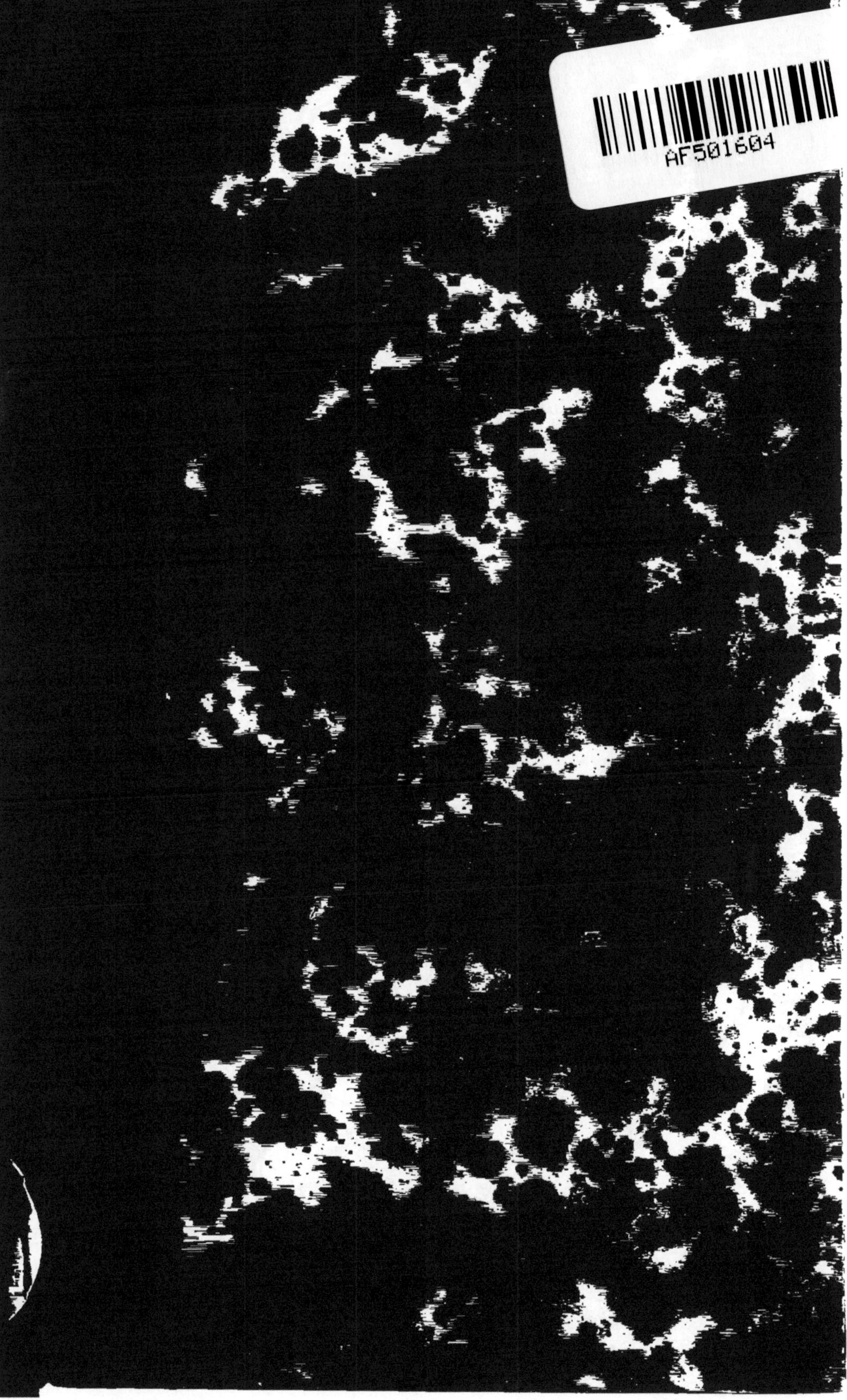

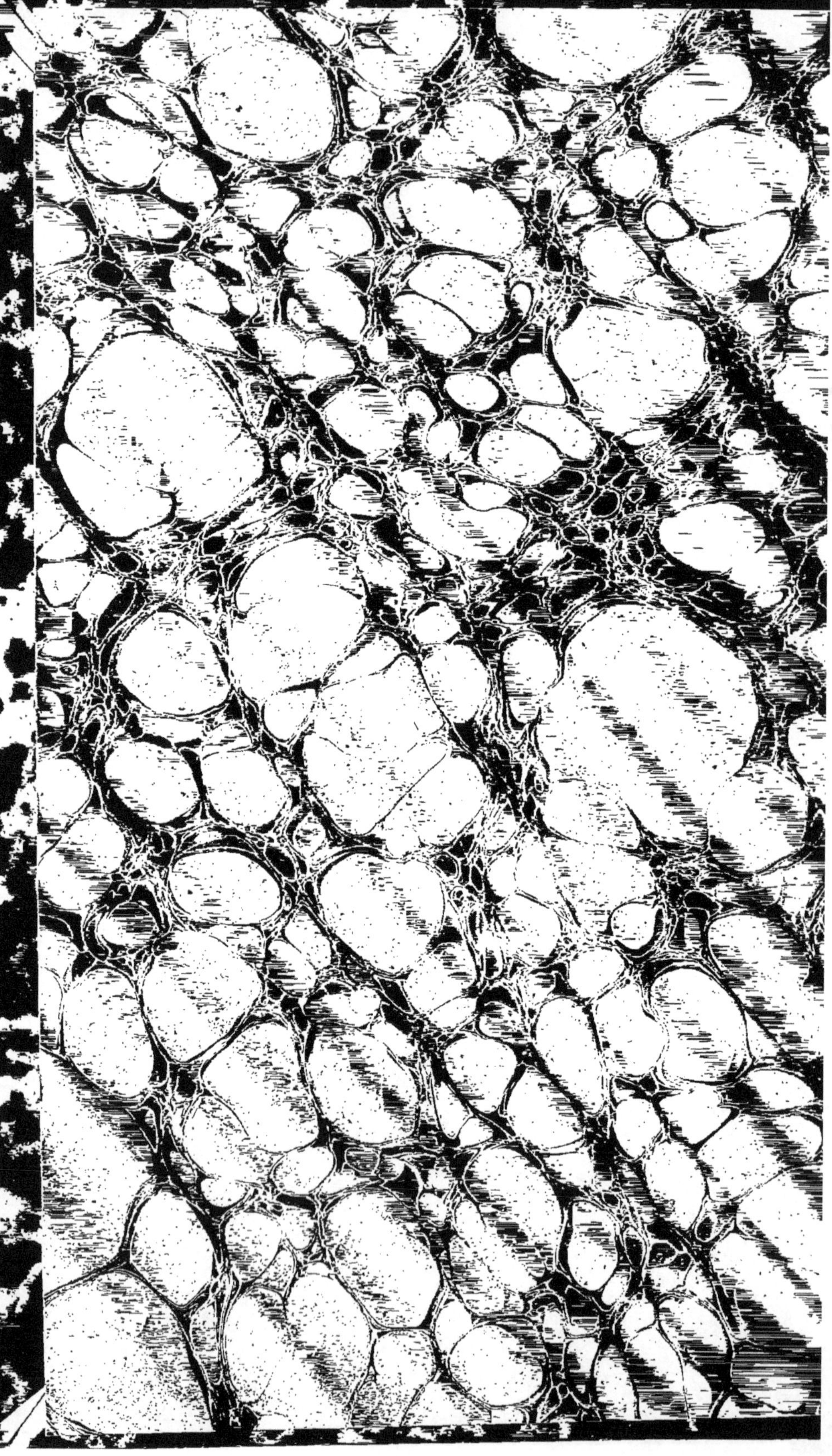

IDÉE

D'UN

COURS DE PHYSIOLOGIE,

APPLIQUÉE

A LA PATHOLOGIE.

IDÉE

D'UN

COURS DE PHYSIOLOGIE,

APPLIQUÉE

A LA PATHOLOGIE;

PAR H. KÜHNHOLTZ,

Docteur en Médecine et Bibliothécaire-Adjoint de la Faculté de Médecine de Montpellier; Agrégé par le Concours de 1825, actuellement en exercice; Membre de la Société de Médecine-pratique de cette ville; Membre correspondant de la Société royale de Médecine de Marseille, de l'Académie de Médecine de Paris, etc.

« *Cum melioribus aut sapientioribus te ne* « *certes invidiâ aut malevolentiâ, sed virtute,* « *probitate, studio.* »

JO. LUD. VIVES, *De rat. stud.*, *p.* 6.

A MONTPELLIER,

DE L'IMPRIMERIE DE JEAN MARTEL AINÉ,

PRÈS LA PRÉFECTURE, N° 10.

1829.

PRÉFACE.

I. La Physiologie Humaine de nos jours est un peu comme la littérature latine du temps de Sénèque, surchargée de faux ornemens, qui semblent devoir bientôt la faire tomber en décadence.

Affligé de voir cette science marcher, d'un pas rapide, dans une direction de plus en plus funeste à la Médecine (1), qui,

(1) Quand on est de bonne foi et sans prévention, il est aisé de voir que la direction des études physiologiques devra procurer beaucoup de Professeurs de Physiologie vétérinaire, ou de Physiologie générale, qui ne sauraient convenir qu'à des Facultés des Sciences ; mais peu de Professeurs tels qu'il les faudrait pour enseigner la *Physiologie Humaine* dans une Faculté de Médecine.

Dans la *Physiologie* et la *Pathologie humaines*, qu'on semble vouloir créer aujourd'hui uniquement par la dissection d'une foule d'animaux plus ou moins éloignés de l'homme dans l'échelle des êtres, espérerait-on trouver la moindre chose sur les influences réciproques de la *cause de la vie* et *du moi moral*, que Bacon a appelé *Doctrina fœderis ?* La Physiologie et la Pathologie humaines seraient cependant bien incomplètes, si on en séparait tout ce qui attachée à sa suite, ne peut que subir le même sort; j'ai du moins voulu joindre mes efforts à ceux des médecins de Montpellier qui desireraient prévenir sa chute, devenue désormais inévitable, si l'on ne se hâte de lui procurer les secours dont elle a absolument besoin. Le Cours de Physiologie que j'ai été chargé de faire à la Faculté de Médecine, en qualité d'Agrégé en exercice, me fournissait une trop belle occasion de témoigner le grand desir que j'avais d'être de quelque utilité à cette Science, pour que je n'aie pas dû la saisir avec le plus vif empressement.

II. Parmi les sujets nombreux qui pouvaient convenir à un Discours d'ouverture, l'*utilité de la Physiologie par rapport à la Pathologie* m'a paru devoir mériter la

---

est relatif à ce sujet. Et puis, je dois le dire, autant cette idée, que l'*homme a été fait à l'image de Dieu*, élève l'âme et nous porte sans cesse à devenir meilleurs; autant les idées qui tendent à nous faire voir l'homme *tout entier dans la brute*, me paraissent devoir être funestes à l'humanité, qu'elles dégradent, avilissent et humilient tout à la fois.

préférence. Il était en effet assez naturel pour moi de commencer par bien pénétrer mon auditoire de l'utilité de la Science que je devais enseigner.

La Physiologie Humaine, c'est-à-dire, la *Science de la nature de l'homme*, a été présentée comme constituant la vraie *Philosophie médicale* : il est aisé de voir que la différence des Écoles ou des Doctrines est tout entière dans la différence de leurs physiologies.

Je me suis attaché à distinguer avec soin la Physiologie Humaine de tout ce qui n'était point elle; j'ai repoussé les reproches injustes qui lui étaient adressés; j'ai fait ressortir ses principaux avantages, parmi lesquels celui de servir de fondement à la Médecine pratique a dû occuper le premier rang; et je crois avoir ensuite bien prouvé que, par cela même que toutes les Doctrines médicales avaient une Physiologie *bonne* ou *mauvaise* pour base, aucune de ses doctrines ne devait être appelée exclusivement *physiologique*.

Dire que la *Physiologie*, qui est la partie la plus relevée de la Médecine, n'est point le fondement de la *Pathologie*, ce serait presque avouer qu'on n'a réfléchi ni sur l'une ni sur l'autre, et qu'on ignore également ce qu'elles sont.

S'il est encore des Docteurs qui nient l'utilité de la Physiologie, et méconnaissent les services signalés que cette Science rend sans cesse à la Pathologie, ils se réduisent au petit nombre de ceux qui font de la physiologie, dans leur pratique, à chaque instant du jour, comme le Bourgeois-Gentilhomme ferait lui-même de la prose : *sans le savoir.*

III. Toutes mes séances, dans lesquelles je me suis occupé de *Physiologie générale*, d'abord ; et de *Physiologie spéciale*, ensuite ; ont été, non des lectures, mais autant d'*improvisations préparées*, pour me servir de l'heureuse expression de M. TISSOT (1).

---

(1) Il est très-difficile de bien lire, quoique beaucoup de gens ne se fassent pas même une idée de la difficulté qu'il y a à cela. D'ailleurs, *lire* et *professer* m'ont toujours paru deux choses si différentes que d'ordinaire elles s'excluaient mutuellement : *Lisez-vous ? vous ne professez pas. — Voulez-vous réellement professer ? ne lisez pas.* Le

Comme pour des Médecins de notre classe, la Physiologie n'est bonne à rien, si elle n'éclaire pas la Pathologie Humaine; à l'occasion des facultés vitales, des sympathies, des synergies, et des fonctions, tant privées que publiques des organes dans l'état normal, j'ai souvent exposé la théorie des nombreuses maladies que les lésions variées de ces phénomènes naturels produisaient, dans une foule de circonstances.

IV. Le Discours de Clôture, qui n'est qu'une récapitulation de mon Cours, ne doit être jugé, à la rigueur, que comme une analyse. J'avais mis beaucoup de zèle et de travail dans la composition de mes leçons, je n'ai pas dû craindre de retracer en petit le tableau fidèle des principaux objets dont j'avais entretenu mes auditeurs; en suivant religieusement la marche que j'avais adoptée dans leur exposition.

---

petit nombre d'heureuses exceptions qu'on pourrait alléguer, ne sont propres qu'à donner encore plus de force à ce principe.

V. On a remarqué, dit-on, que toutes les fois que j'ai traité, ou par écrit ou verbalement, un sujet quelconque de Médecine, il m'est arrivé assez souvent d'employer des expressions, des tournures de phrases, des phrases entières, quelquefois même jusqu'à des inflexions de voix, qui étaient propres à M. LORDAT. Ce reproche qu'on m'a adressé est si loin de me paraître tel, que, si je suis fâché d'une chose, c'est précisément de sentir qu'il n'est pas aussi juste que je le voudrais moi-même. Je ne crains pas d'en convenir; mon plus grand desir a été constamment de le mériter. Je m'estimerais trop heureux si, à force de zèle et d'études, je parvenais à faire un plagiat complet de ce genre; et je suis très-persuadé que celui que j'ai toujours pris pour modèle et qui a été pour moi un vrai père; celui qui dirigea sans cesse mes études médicales, et auprès de qui, sur trente-six ans d'existence, j'ai passé *trente années consécutives*, serait lui-même le premier à le voir avec un vrai plaisir. N'eût-il pas été trop malheureux pour l'humanité, que le commerce de gens ignorans et vicieux eût pu rendre presque contagieux l'ignorance et les vices; lorsque la fréquentation d'hommes savans et recommandables, sous tous les rapports, aurait été elle-même incapable de communiquer et la science et la vertu!

Je dois le dire sans hésiter, si mes leçons ont été écoutées et suivies, je crois le devoir presque entièrement à la direction que M. LORDAT a donnée à mes études, et sur-tout à ses propres idées, que les nombreuses conversations que nous avons eues ensemble, et la rédaction que j'ai faite de la plupart de ses Cours, m'ont permis de mettre très-souvent à contribution.

V. Quoi qu'il en soit, déjà très-sensible à la manière dont Messieurs les Élèves m'avaient témoigné publiquement leur reconnaissance, pour l'assiduité et le zèle que j'avais constamment apportés dans l'accomplissement de mes devoirs; j'ai dû l'être bien plus encore, lorsque, par un de leurs plus studieux condisciples, auquel ils savaient que j'étais sincèrement attaché (1),

(1) M. CHARLES ANGLADA.

ils m'ont prié de vouloir bien faire imprimer les deux Discours que j'avais prononcés à leur occasion. La personne qui a porté la parole était trop bien choisie, et la nature de la prière était elle-même trop propre à flatter celui à qui elle était adressée, pour que je pusse ne point y avoir égard.

C'est seulement alors, qu'il m'a été permis de soupçonner que j'avais pu rendre quelque service à mes auditeurs.

Aussi, pour tâcher de leur être encore plus utile, non-seulement je publie aujourd'hui les deux Discours qui m'ont été demandés; mais encore, j'ai cru à propos de mettre un si grand nombre de faits, de développemens et de dogmes, soit physiologiques, soit pathologiques, dans les 160 notes qui suivent le second de ces opuscules, que j'ose être persuadé que Messieurs les Élèves, auxquels ils sont spécialement destinés, y retrouveront réellement l'*idée d'un Cours de Physiologie appliquée à la Pathologie*, comme j'ai cru pouvoir l'annoncer par le titre que j'ai donné à cet écrit.

DISCOURS

SUR

L'UTILITÉ DE LA PHYSIOLOGIE HUMAINE PAR RAPPORT A LA PATHOLOGIE;

PRONONCÉ

DANS L'AMPHITHÉATRE DE LA FACULTÉ DE MÉDECINE DE MONTPELLIER,

LE 24 NOVEMBRE 1828.

DISCOURS

SUR

L'UTILITÉ DE LA PHYSIOLOGIE HUMAINE PAR RAPPORT A LA PATHOLOGIE.

I. QUELLE que soit la matière que l'on traite dans un Cours, il est un soin qui me semble devoir passer avant tous les autres; c'est celui d'exposer, d'une manière précise, *toute l'importance du sujet* dont on poursuivra les divisions, dans la série de leçons qu'on se propose de faire.

Présenter la *Physiologie Humaine* comme bien distincte de la *Physiologie Générale* ou *Zoonomie;* défendre cette science des calomnies qu'ont dirigées contre elle des hommes qui n'ont pu être ses détracteurs que parce qu'ils en ont eu une idée fausse ; faire ressortir, autant qu'il sera en moi, les précieux avantages de cette branche de la science de l'homme, en démontrant en quelque sorte qu'elle est une source de satisfactions pour l'esprit ; un puissant moyen d'accroître la considération dont les médecins jouissent; enfin, la *seule base immuable sur laquelle l'art de guérir puisse être solidement établi :* tel est le but que je me suis proposé dans cette première séance.

II. Je crois pouvoir définir la *Physiologie Humaine*, cette *partie de la Science de l'homme qui a pour sujet les phénomènes du corps humain dans l'état de santé.*

Quant au problême physiologique, je ne saurais mieux le faire connaître, qu'en employant les propres expressions du Professeur que je remplace en ce moment. « Ces phénomènes apparens « ont pour cause, dit-il, d'autres phénomènes « cachés qui se passent dans l'intérieur du corps. « Il s'agit d'aller à la recherche de ces derniers; « d'assigner l'ordre de leur filiation et le mode « de leur combinaison; de suivre leurs succes- « sions, depuis les phénomènes apparens jus- « qu'aux actes les plus élevés que notre esprit « puisse apercevoir dans ces chaînes; de déter- « miner le nombre des principes d'action d'après « celui de ces actes, et d'établir les lois selon « lesquelles ces agens produisent leurs effets (1). »

Tels sont, en peu de mots, et la Physiologie Humaine; et le sujet qu'elle ne devrait jamais perdre de vue; et l'objet formel qu'elle doit toujours se proposer.

III. Depuis quelque temps, on semble vouloir nous persuader que, *pour bien connaître l'homme,* il faut étudier avec la plus grande attention *tout ce qui compose le règne animal ;* on nous présente la *Zoonomie* comme une introduction naturelle, indispensable à l'étude de la Physiologie Humaine.

Mais la Physiologie Générale ou Zoonomie est une science d'une immense étendue, dont les limites, constamment mobiles, s'écarteront sans cesse les unes des autres, et d'autant plus, que nos expériences seront plus multipliées ; nos découvertes plus nombreuses ; la marche de notre esprit plus rapide, et sur-tout la force de nos microscopes plus considérable. Il est aisé de voir que le dessein de la connaître en entier sera toujours au-dessus de nos forces.

Je dirai plus : je suis très-persuadé que l'étude de cette science, même réduite à ce que l'intelligence humaine peut facilement embrasser, doit être encore dangereuse pour ceux qui se destinent à la Médecine. Il est bien difficile, en effet, d'empêcher que l'attrait qui l'accompagne toujours ne soit une distraction bien puissante, et n'occasionne des pertes de temps incalculables.

A toutes les époques, la Faculté de Médecine de Montpellier sut partager ces justes craintes, et mériter, sous ce rapport, des éloges que personne ne pourrait lui refuser. La Philosophie, qu'elle cultiva sans cesse avec une prédilection toute particulière, lui apprit, de bonne heure, que la Nature avait rendu la modestie nécessaire à la faible humanité ; que la portée de l'intelligence avait des limites que l'homme ne pouvait tenter de pousser plus loin, qu'en perdant souvent la vie au milieu même de ses efforts ; qu'enfin, c'était une grande imprudence, je dirai plus, *une audace extrême*, que de vouloir connaître à la fois un grand nombre de sciences, toutes très-étendues pour quiconque les étudie avec ardeur ; et que ce qu'il y avait de plus sage, était de bien resserrer, au contraire, le cadre des études auxquelles on se vouait à jamais, afin d'être à même, ainsi que le recommande BACON, de *caver aussi profondément que possible.*

En effet, il n'est pas un seul, même de nos Maîtres actuels, qui, dans l'exercice de ses fonctions, n'ait eu l'occasion de vous rappeler la justesse de cette pensée du Vieillard de Cos: *Vita brevis, ars longa......!* Hé! qui ne sentirait qu'il est impossible de faire les premiers pas dans la carrière médicale, sans voir aussitôt avec peine combien la vie est courte, et combien sont nombreuses les difficultés dont la Médecine est, pour ainsi dire, hérissée de toutes parts !

D'où peut donc être venue cette idée qui fait regarder la Zoonomie comme indispensable à la Physiologie Humaine ? — Je ne sais si je me trompe ; mais j'ai cru devoir l'attribuer au défaut de distinction suffisante des modes différens selon lesquels la Physiologie devrait être enseignée, *dans une Faculté des Sciences*, *dans une Ecole Vétérinaire* et *dans une Faculté de Médecine.*

Le tableau fidèle et précis de ces trois ordres d'enseignemens prêtera peut-être une nouvelle force à mes présomptions.

IV. Tout ce qui concerne l'homme n'est qu'un point dans le vaste domaine de la Zoonomie. Il est, sans doute, dans l'esprit de cette science d'étudier avec plus de soin les animaux qui intéressent davantage : l'homme, se trouvant en première ligne, doit exiger, sans contredit, et le plus de temps, et le plus d'attention ; mais encore faut-il bien que, s'il veut conserver son nom, celui qui s'occupe de Physiologie Générale, c'est-à-dire le *Zoonomiste*, ait cependant le temps d'étudier les classes, genres, espèces et variétés des nombreux animaux qui se trouvent inscrits sur le tableau de la science qu'il professe. Par ce léger aperçu, il est aisé de sentir que plus le Professeur de Zoonomie aura de philosophie dans la tête, moins il devra nécessairement posséder la *Physiologie Humaine :* l'impossibilité de rien approfondir le met dans la nécessité absolue de n'étudier, et, par conséquent, de ne connaître *que d'une manière très-superficielle*, tout ce qu'il se procurera d'animaux actuellement existans. Tel est, ce me semble, le mode d'enseignement auquel on est nécessairement astreint, lorsqu'on professe la Physiologie Générale *dans une Faculté des Sciences.*

V. Comme on le sait, tous les cours de sciences d'ensemble et tous les traités généraux, sans exception, peuvent être comparés à des lames d'or, dont on n'augmente considérablement l'étendue qu'aux dépens de la solidité. C'est quand on prend un groupe d'animaux pour en faire une étude spéciale, comme dans les *Écoles Vétérinaires* par exemple, où l'on s'occupe de l'Anatomie, de la Physiologie et de la Pathologie de tous les animaux domestiques; c'est alors, dis-je, que l'on voit tout de suite combien les idées générales que l'on devait à la Zoologie et à la Zoonomie sont insuffisantes!

Cette vérité est bien plus sensible encore, lorsqu'on se livre à la composition de quelque monographie; mais c'est sur-tout quand on choisit l'*homme* pour être le sujet d'un travail de ce genre, qu'elle se développe dans tout son jour et dans toute son étendue.

Jetez un coup-d'œil sur la manière dont l'enseignement se fait dans notre Faculté; considérez les divisions naturelles qu'on y a établies; rappelez-vous tous les détails minutieux dans lesquels on y est obligé d'entrer : et vous verrez alors que les idées générales que vous aviez prises par-tout ailleurs sur l'*homme,* ne sont guère plus au grand corps de connaissances que l'on développe dans cet établissement, que ce qu'est précisément, par rapport à un livre, l'espèce de squelette, qui, sous le nom de table, se trouve ordinairement à la fin du volume.

N'avais-je pas raison de penser que l'utilité de la Zoonomie, par rapport à la Médecine, avait été fort exagérée ; et que le meilleur moyen de l'apprécier à sa juste valeur, était le rétablissement de la ligne de démarcation naturelle qui sépare les Physiologies de divers ordres, enseignées *dans une Faculté des Sciences*, *dans une Ecole de Médecine Vétérinaire*, comme celle d'Alfort, et enfin, *dans une Faculté de Médecine telle que la nôtre*........ ?

Il me semble qu'on doit être convaincu maintenant de tout le danger qu'il y aurait d'appliquer, à l'un de ces établissemens, le genre d'enseignement physiologique qui ne saurait convenir qu'à un seul des deux autres.

VI. Cette distinction, sur laquelle j'ai cru devoir insister, était pour moi une précaution que je ne pouvais me dispenser de prendre, pour deux puissans motifs.

D'abord, je suis très-persuadé qu'il serait malheureux que le domaine de la Physiologie de l'homme, devînt en quelque sorte une conquête de la Zoonomie : et cependant je ne saurais voir autre chose qu'un envahissement funeste à la Médecine, dans une grande partie de ce que des

Zoologistes, de beaucoup de mérite d'ailleurs, nous signalent comme des progrès rapides, faits dans ces derniers temps par la Physiologie Générale.

En second lieu, si par la suite on me voit emprunter plus souvent à la *Pathologie Humaine* qu'à l'*Anatomie Comparée* des faits, des preuves, des analogies, en un mot, tout ce que je croirai capable de répandre quelque agrément sur les sujets que nous passerons successivement en revue; je desirerai que ceux qui m'entendront alors, veuillent bien se rappeler que j'ai donné la préférence à la *Pathologie Humaine,* parce que je ne saurais oublier que c'est *dans une Faculté de Médecine* que l'honneur d'enseigner la Physiologie m'a été momentanément accordé ; parce que, de toutes les sciences qui sont en contact avec la Physiologie de l'homme, la *Pathologie Humaine* est celle qui la touche par le plus grand nombre de points, et la plus propre à répandre sur ses difficultés des rayons de lumière, qui, souvent même, sont réfléchis, avec beaucoup d'avantage, vers le foyer dont ils étaient sortis; parce qu'enfin, les Élèves studieux qui suivent habituellement les cours dans cette École, ont fait vœu de consacrer tout leur temps à la connaissance des maux qui affligent l'humanité ; et qu'ils seraient en droit de se plaindre, si l'on perdait de vue un seul instant l'*homme,* sans avoir enseigné tout ce qu'il était possible de connaître en ne considérant absolument que *lui*.

VII. J'ose cependant espérer que vous ne confondrez pas en moi *le desir de réduire à leur juste valeur les avantages de la Zoonomie*, avec une *conviction que je n'aurai jamais*, je veux dire *celle de son inutilité*. Je serais péniblement affecté, si je pouvais seulement soupçonner que quelque expression inconsidérée de ma part a été capable de fausser ma pensée à ce point.

Si l'Anatomie Comparée n'est pas aussi indispensable à notre Physiologie que l'*Anatomie Humaine*, ce n'est pas à dire pour cela que nous ne lui devions aucune reconnaissance. Sans elle, THOMAS BARTHOLIN aurait-il découvert *les vaisseaux lymphatiques?* HARVEY, *la circulation du sang dans tous ses détails?* ASELLI, *les veines lactées*, comme il les nommait lui-même? REGOLO LIPPI, des communications nouvelles entre les vaisseaux veineux et chilifères?

Sans l'Anatomie Comparée, M. le Professeur DUBRUEIL aurait-il pu voir aussi (2) un mode de distribution nerveuse qui détruit à jamais la *spécialité des nerfs?*

Mais, gardons-nous d'oublier néanmoins que, quand il s'agit d'Anatomie Humaine, l'étude directe *du corps de l'homme* doit apprendre *beaucoup plus*, d'une manière *plus sûre*, et dans un temps *infiniment plus court*.

On sait bien qu'à toutes les époques où les mœurs, les lois et les idées religieuses, ont permis de fouiller dans des cadavres humains, le desir de découvrir les ressorts cachés dont nos fonctions dépendent, a été trop vif, pour que l'on pût se contenter, comme du temps de GALIEN, d'étudier l'*homme dans le singe*.

Quand l'histoire de la Médecine nous fait savoir qu'HÉROPHILE et ÉRASISTRATE méritèrent une grande réputation comme Anatomistes, elle nous apprend aussi qu'ils ne se bornèrent pas à la seule dissection des animaux. Non-seulement ils furent les premiers qui ouvrirent des cadavres humains, mais encore, si nous en croyons CELSE, HÉROPHILE obtint la permission de disséquer même des hommes vivans (3) : et ce qui ferait penser que cet ancien médecin aurait souvent usé de la liberté qu'il avait obtenue, c'est l'épithète de *lanius* que TERTULLIEN lui donne dans ses écrits.

On sait bien encore, par l'histoire de la lithotomie, que, dans des temps plus rapprochés de nous, on a vu l'*homme vivant* gémir, par ordre de son Roi, sous le couteau de l'expérience (4).

On n'ignore pas non plus, qu'en 1751, MAUPERTUIS, dans une lettre sur les progrès des sciences, a osé proposer *de rendre plus utiles les supplices des malfaiteurs*.

On avait donc senti déjà, à différentes époques, l'*avantage sans égal* que devait présenter l'étude directe de la Physiologie Humaine. Mais comme, aux yeux des médecins de Montpellier, l'homme est le seul d'entre tous les animaux qui ait l'heureux privilége d'être doué d'une *âme*, c'était sur-tout ici que ce moyen d'investigation devait être adopté de préférence à tout autre : on y sait trop bien qu'*étudier l'homme ailleurs que dans l'homme*, ce serait marcher, pour ainsi dire, *de pétition de principe en pétition de principe* (5).

VIII. Maintenant que la Physiologie Humaine, la seule dont on doive ici s'occuper, a été convenablement définie et soigneusement dépouillée de tout ce qui lui était étranger, nous allons voir jusqu'à quel point elle a pu mériter certaines dénominations peu flatteuses, je dirais presque *injurieuses*, qui lui ont été données, d'un air dédaigneux, dans diverses circonstances.

IX. Les idées calomnieuses, dirigées par les détracteurs de la Physiologie contre cette science, ont été présentées sous la forme des expressions suivantes : *Théories purement spéculatives ; Systèmes qui ne sont bons à rien ;* enfin, *Roman de la Médecine...!* Comme, dans la troisième partie de ce discours, je dois démontrer, pour ainsi dire, que la Physiologie est le flambeau de la Médecine pratique, et que par conséquent il est impossible qu'*un bon système physiologique ne soit d'aucune utilité*, la dernière de ces expressions irréfléchies sera la seule que nous examinerons en ce lieu.

X. *La Physiologie est le Roman de la Médecine, nous dit-on......* Mais, qu'est-ce qu'un Roman? Dans sa véritable acception, *un Roman est un ouvrage de l'esprit, qui n'est que le fruit de l'imagination, et dont toutes les circonstances sont enchaînées les unes aux autres, d'une manière plus ou moins ingénieuse, sans que pour cela elles en aient plus de réalité.*

Cette définition devait se rapporter, non *aux Romans historiques*, mais *aux Romans proprement dits*, par une bonne raison : quand les détracteurs de la Physiologie ont donné à cette science le nom de *Roman*, ils ne lui ont pas même fait l'honneur d'ajouter à ce mot l'épithète *historique..... !*

Quelle peut être l'idée qu'on a eue en se servant d'une pareille expression?

Il est impossible qu'on ait voulu la diriger contre la Physiologie tout entière, à moins qu'on ne désignât ainsi une science qui n'eût rien de commun avec celle dont nous nous occupons en ce moment. L'existence des phénomènes *moraux, vitaux* et *mécaniques*, dont l'assemblage constitue l'économie humaine, ne saurait être révoquée en doute. Ceux qui auraient de semblables idées, ceux qui seraient capables de pousser le pyrrhonisme à ce point, ne mériteraient guère que l'on se donnât gratuitement la peine de les réfuter.

Si l'on a voulu dire que dans la Physiologie *tout n'a pas le même degré d'évidence*, que quelques-unes de ses parties sont un vaste champ ouvert aux hypothèses les plus nombreuses : on n'a rien dit dans tout cela que nous ne pensions nous-mêmes. Presque toutes les sciences, les Mathématiques exceptées, sont *peut-être dans la même catégorie*. La plupart du temps, en Physiologie, les *propositions terminales* nous sont connues ; il nous manque sans doute beaucoup de ces *propositions moyennes*, qui composent ce que BACON appelait le *progrès caché de la science*..... Mais heureusement ce ne sont point elles qui constituent la Physiologie proprement dite. Ainsi donc on serait justement blâmable si, tombant dans le vice de raisonnement qui fait conclure du particulier au général, on s'obstinait à donner le nom de *Roman* au corps entier de la Physiologie, par cela seul que quelques-unes de ses propositions seraient encore loin d'être bien démontrées.

Parmi les circonstances qui peuvent favoriser une manière de raisonner si vicieuse, il en est une que je dois signaler ici. Beaucoup de personnes ne regardent comme *positifs* que les objets qui tombent sous les sens ; leur esprit ne saurait s'élever jusqu'à concevoir qu'une chose *abstraite* peut être néanmoins *positive*. Est-il surprenant alors qu'elles trouvent dans une science infiniment plus de parties *hypothétiques* qu'elle n'en contient réellement?

Je n'insisterai pas davantage sur ce point, pour éviter l'obligation où je serais de transcrire ici tout entières plusieurs pages du *Dialogisme oral dans l'enseignement de la Médecine* (6).

XI. Je me contenterai seulement de faire une réflexion : une chose qui ne saurait manquer de paraître au moins fort étonnante, c'est que la partie de la Physiologie que l'on regarde comme la plus *hypothétique, n'est pas la même pour les Médecins de tous les pays :* je vais développer cette idée.

On est disposé à croire purement imaginaire tout ce qui, dans la Physiologie qu'on enseigne à Montpellier, se rapporte directement *aux principes d'action* en général, mais particulièrement *à la cause des phénomènes vitaux;* tandis que, *tout ce qui est intermédiaire à cette cause et aux fonctions qui dépendent d'elle*, est *généralement aussi* regardé comme ce qu'il y a de *réellement positif*.

Eh bien! dans cette École, on croit avoir raison, en pensant là-dessus précisément tout le contraire. Un exemple tiré des muscles sur lesquels la volonté exerce son influence, me paraît on ne peut pas plus propre à faire concevoir ce que je veux exprimer.

N'est-il pas vrai que lorsque vous voulez élever le bras, à peine la volonté s'est prononcée, que les puissances musculaires qui lui sont entièrement soumises, dans l'état de santé, entrent en action, et exécutent à l'instant même l'élévation du membre ? — Analysons ce phénomène : nous y verrons *la volonté* donnant *son ordre; la vie* opérant des *mouvemens cachés* dans l'intérieur des muscles ; enfin, *la contraction musculaire*, qui est elle-même *apparente*, et à laquelle les mouvemens des os sont liés d'une manière purement mécanique.

Qu'y a-t-il de plus obscur dans tout cela ? De plus propre à ouvrir un vaste champ à des hypothèses de tout genre ? Est-ce la volonté....? Mais peut-on nier que nous ayions des idées positives sur cette faculté, qu'il dépend de nous d'étudier (ainsi que le principe de tous les phénomènes moraux), en nous-mêmes, et à chaque instant du jour ? N'avons-nous pas des données positives sur son *activité;* sur l'*intensité* différente dont elle est susceptible ; sur son *indépendance ?*

Si, d'un autre côté, nous voulons démontrer qu'il y a du *positif* dans les contractions musculaires et dans les mouvemens des leviers qui en sont la suite nécessaire : il nous suffira de tenir un instant la main de nos incrédules sur les muscles d'un membre en action.

Mais s'agit-il de donner une explication plausiblé de la *contraction musculaire?* De dire en quoi consistent les *mouvemens vitaux intimes* dont elle n'est que l'effet....? C'est alors que toutes les notions positives qui nous avaient accompagné jusque-là, nous abandonnent. Plus les interprétations que les anatomistes nous donnent sont nombreuses; moins elles doivent nous inspirer de confiance.

L'un nous dira que l'action musculaire dépend de l'*innervation*, ce qui recule seulement la question, sans l'éclaircir le moins du monde (7).

L'autre, avec MM. H. CLOQUET et BROUSSAIS attribuera ce phénomène à la *fibrine*. Un troisième, d'accord avec M. RICHERAND, regardera comme probables les idées de GIRTANNER, rendues plus spécieuses par les expériences de MM. PREVOST et DUMAS, *sur l'intervention d'un double courant électrique, au moyen des nerfs qui lui servent de conducteur.*

Un quatrième, ainsi que M. DUTROCHET, nous parlera *imbibition* ou *endosmose.*

Un autre, enfin, de toute autre cause qui lui plaira davantage; et il nous serait aussi difficile de les blâmer que de les louer, en nous appuyant toutefois sur de bonnes raisons.

Est-ce bien là du positif..? Je vous le demande! Et avais-je tort de penser qu'un bon nombre d'auteurs, étrangers à cette École, regardaient comme *positif* ce qui est *un vrai Roman,* et comme *Roman*, ce qu'il y a au contraire de plus *positif*....?

XII. Si nous en venons maintenant aux avantages de la Physiologie, je devrai m'empresser de signaler, en première ligne, cette satisfaction que notre esprit éprouve, tantôt, à débrouiller des maladies qui d'abord semblaient inextricables; tantôt, à voir sans étonnement, parce qu'ils avaient été prévus, *une crise* amenant la santé, ou *un accès malin* qui ne pouvait qu'être mortel.

Le médecin dont les principes physiologiques, solidement arrêtés, seront le fruit des lectures impartiales qu'il aura faites, de livres de tout genre, de tout esprit, de tout temps et de toutes Doctrines, se gardera bien de considérer comme *idiopathique*, une altération de la voix, ou toute autre affection de la gorge, qui ne serait que l'effet d'une association morbide, produite par une maladie des organes de la génération...... *Il sait ce qu'est une Sympathie.*

Un accroissement rapide pendant la convalescence d'une maladie grave, telle qu'une fièvre maligne par exemple, lui inspirera toujours les craintes les plus vives...., parce qu'il a médité Barthez et qu'il connaît les raisons pour lesquelles on doit redouter *ces distractions des forces*, si fréquemment funestes.

Un vomissement de sang périodique occasioné par la suppression de l'évacuation sanguine mensuelle ; ou bien, un flux d'apparence urineuse par l'*epigastre*, coïncidant avec une suppression d'urines, comme dans le cas rapporté par MARCELLUS DONATUS (8) : ne surprendra pas le médecin dont il s'agit autant qu'un autre peut-être ; parce qu'il connaîtra beaucoup trop de faits tendant à établir une véritable *solidarité*, entre la plupart des organes qui composent l'économie humaine.

Mais, je dois le dire, vue ainsi la Médecine n'est pas aisée. On s'aperçoit bien vite que la *Nosologie* n'est pas plus *une seule classe de maladies*, que la *Thérapeutique un seul ordre de médicamens*. Cette Médecine, la seule véritable, est au contraire une science, qui, même pour être incomplètement connue, exigera néanmoins des études sérieuses et non interrompues, qui devront durer autant que la vie.

XIII. Quant à la *considération raisonnée* dont les Médecins jouissent, on sait bien qu'elle est généralement en rapport avec le nombre des idées arrêtées et des connaissances approfondies qu'ils possèdent.

Je dirai plus, l'ascendant du mérite est tel, qu'un Docteur qui réunit l'expérience et l'habileté à une instruction réelle, est sûr d'inspirer une grande estime même à ses ennemis. On pourra ne pas l'aimer, sans doute ; mais on n'oserait lui refuser ce qui est devenu désormais la conquête de ses veilles et de ses travaux.

XIV. Entre les moyens les plus propres à accroître, d'une manière à la fois prompte et solide, cette considération dont tout Médecin devrait être jaloux, les consultations écrites me sembleraient peut-être mériter le premier rang.

Mais par *consultation écrite*, je n'entends pas désigner *une simple formule*, ou même *une formule motivée*, comme on le pratique en certains pays.

J'appelle *consultation écrite*, un petit traité pour ainsi dire, composé à l'occasion de la maladie sur laquelle on est consulté ; où l'on voit, d'abord, le tableau succinct des maux dont le malade se plaint ; ensuite, une partie *théorique*, dans laquelle les principaux symptômes sont interprétés, *convertis en signes*, pour devenir ainsi une source naturelle d'indications ; enfin, la description d'une ou de plusieurs méthodes de traitement, présentant chacune des groupes de moyens thérapeutiques propres à remplir les indications que l'on a reconnues, et qui peuvent beaucoup varier dans leur nombre et dans leur nature, selon que la maladie est elle-même aiguë, chronique, simple, compliquée, etc.

Les consultations écrites, faites d'après cette légère esquisse, par des hommes instruits, se répandent avec une facilité prodigieuse, et sont bientôt portées par la Renommée jusque dans les points du Globe les plus éloignés. Mais aujourd'huî sur-tout, sans de bonnes études en *Physiologie*, on se flatterait vainement de l'espoir d'atteindre à ce but.

XV. En effet, serait-on à même de bien distinguer les maladies les unes des autres ; de prévoir les changemens qui peuvent survenir dans leur cours; d'annoncer leur terminaison heureuse ou funeste? Pourrait-on goûter le bonheur de faire, la plupart du temps, un grand bien avec connaissance de cause ; d'inspirer même souvent une confiance sans bornes ; et de mériter la juste considération attachée à de pareils bienfaits : si l'on n'avait sans cesse recours à la *Physiologie*, qui, ainsi que je l'ai déjà dit, doit être regardée comme *la seule base immuable sur laquelle la Médecine puisse être solidement établie....?* Non, sans doute, MESSIEURS : et vous devez tous en être persuadés.

Si l'horloger est parfaitement en état de remédier à tous les dérangemens que l'on peut occasioner dans une montre, vous savez bien qu'il doit cet avantage, non-seulement à la connaissance de la forme des pièces, de leur situation et de leurs rapports, ce qui est, pour ainsi dire, l'anatomie de la montre ; mais encore aux notions exactes qu'il a acquises, sur les lois de l'*Élasticité;* sur le mouvement qui en est la suite, ainsi que sur la communication du mouvement au plus grand nombre des pièces de cette admirable machine ; ce qui en constitue en quelque sorte la *Physiologie*. Sans la connaissance indispensable des lois de ce principe d'action, l'artiste presque toujours en défaut, s'apercevrait bien vite que les dernières heures, mesurées par son ouvrage imparfait, seraient constamment beaucoup plus longues que les premières.

XVI. D'après ce qui vient d'être dit, pourrez-vous concevoir l'existence d'une *Doctrine médicale* qui doive être exclusivement appelée *physiologique* ? Pour moi, je ne la conçois pas.

Toutes les Doctrines médicales, quelles qu'elles soient, sont déduites de la comparaison de l'état *normal* avec l'état *morbide* : toutes les Doctrines médicales *sont physiologiques* ; l'empirisme pur n'a jamais existé. Ce que l'on doit reconnaître seulement, c'est que la Physiologie que nous adoptons peut être *bonne* ou *mauvaise* ; et que si quelqu'un a pu donner exclusivement l'épithète *physiologique* à la Doctrine médicale qu'il s'est faite, ce n'a pu être qu'à l'oubli de cette *décence*, qui nous défend d'être juge et partie dans nos propres causes ; et sur-tout, de cette *modestie*, qui sied si bien même aux hommes les plus savans.

XVII. On me demandera peut-être, si, entraîné par les avantages que la Physiologie présente, je ne crains pas qu'on m'accuse d'avoir perdu de vue ce que des hommes recommandables ont souvent dit de l'*Instinct médical* ?

Le motif pour lequel je crois être à l'abri d'un semblable reproche, est qu'il m'a toujours semblé que *l'Instinct médical était une chimère.*

L'enfant qui vient de naître respire ; sent l'utilité d'une mamelle quoiqu'il n'en eût jamais vu ; opère la succion qu'il n'avait jamais faite ; chasse de son corps des excrétions qui l'incommodent, pour la première fois : et nous disons qu'il opère tous ces actes par un pur effet de l'*Instinct*, c'est-à-dire, *sans qu'il sache ni pourquoi, ni comment.* Y aurait-il, par hasard, des Docteurs qui fissent la Médecine de cette manière..... ? Je ne le pense pas.....

Les gens de l'Art qui soutiennent cette thèse, en supposant qu'ils se trompent réellement eux-mêmes, ne sauraient faire adopter leurs vues, ou partager leur erreur, à quiconque voudra réfléchir un instant. Peut-on, en effet, raisonnablement penser que ces hommes privilégiés savaient, en naissant, tout ce qu'on est obligé d'apprendre dans une Faculté de Médecine, pour obtenir le grade de Docteur ?

Le desir d'acquérir promptement une grande considération, et les avantages qui en sont la suite, a pu quelquefois suggérer cette idée ; mais il me semble qu'on a pris alors un mauvais moyen pour atteindre ce but. Les praticiens recommandables qui ont eu cette pensée, ont mal entendu leurs intérêts sous le rapport scientifique : ils sont bien certainement plus savans qu'ils ne voudraient le faire croire. Se présente-t-il un cas difficile dans leur pratique? Je ne doute pas le moins du monde qu'ils ne fassent aussitôt, les réflexions, les comparaisons, en un mot, toutes les opérations intellectuelles qu'est obligé de faire, avec beaucoup de lenteur, celui qui commence à marcher dans la carrière médicale : mais ce qui doit leur faire illusion, jusqu'à un certain point, c'est que la longue expérience qu'ils ont acquise, et la grande habitude qu'ils ont contractée, leur fait exécuter ces actes de l'entendement avec tant de promptitude, qu'ils franchissent, sans s'en apercevoir, *les propositions moyennes ;* et voient, en quelque sorte, du même coup-d'œil, et le tableau de la maladie, et les indications qu'elle présente à remplir.

Telle est, n'en doutez pas, MESSIEURS, la source de la confiance et de la juste considération dont jouissent les Nestors de la Médecine. S'il en était autrement, des médecins, *par la grâce de la Nature,* n'auraient besoin d'aucun grade, puisqu'ils ne trouveraient rien à apprendre dans les Ecoles ; ils ne seraient d'aucune utilité dans un corps enseignant, puisque ce prétendu Instinct Médical ne saurait se communiquer ; et enfin, ils ne jouiraient, *avec leur qualité naturelle,* que de bien peu de considération, parce que, en fait de mérite, celui qui coûte le plus à acquérir, est ordinairement celui qui nous inspire l'admiration la plus forte.

Étudiez donc la belle science qui doit faire le sujet de ce Cours, avec tout le zèle dont vous êtes susceptibles ; n'oubliez pas que la Chirurgie de Montpellier, brillante sans témérité, ne doit le plus souvent ses succès qu'aux connaissances médicales profondes qui caractérisent nos opérateurs ; mais souvenez-vous aussi que la Médecine ne serait qu'un édifice bâti sur du sable, si elle ne reposait sur une bonne Physiologie, dont la philosophie eût elle-même disposé les fondemens (9).

Messieurs les Élèves,

Je n'ignore point combien est pénible toute la charge qui m'est imposée, et dont je commence à m'acquitter envers vous aujourd'hui. Une invitation de M. le Doyen a été pour moi un ordre : obéir est mon seul devoir.

Animé du zèle le plus ardent ; plein d'amour pour la science à laquelle j'ai consacré ma vie ; pénétré pour vous des sentimens affectueux que vous inspirâtes toujours à vos Maîtres, et qui se sont développés en moi par une sorte d'hérédité : il n'est pas de soins que je ne me donne ; de veilles que je ne puisse prolonger ; de recherches pénibles auxquelles je ne me livre ; de sacrifices, enfin, que je ne me sente capable de vous faire de bien bon cœur, si je puis espérer de rendre plus faciles les brillans succès qui attendent la plupart d'entre vous, dans la carrière épineuse mais honorable de l'Art de guérir.

Je sais bien que l'Enseignement Médical a, comme la Navigation dans des mers inconnues, des obstacles, des difficultés insurmontables, des dangers même que souvent on ne peut éviter.

L'un et l'autre ne fournissent leurs occasions de triompher, qu'après les avoir, en quelque sorte, environnées d'écueils presque inabordables, aussi funestes, la plupart du temps, aux navigateurs les plus intrépides qu'aux gens de lettres les plus laborieux.

N'importe ; je remplirai ma tâche, malgré tout le péril qui l'accompagne......

Et, si le malheur s'appesantit assez sur moi, pour me faire succomber au milieu de ma glorieuse entreprise, quelques-uns d'entre vous, touchés de mon infortune, ne pourront du moins s'empêcher de se dire : « S'il a péri, c'est « dans la voie de l'honneur ; remplissant fidèle- « ment ses devoirs ; donnant des preuves non « équivoques d'un grand zèle et de beaucoup de « courage...... ! Il était digne d'un meilleur « sort...... ! (10) »

NOTES

SUR

LE PREMIER DISCOURS.

NOTES

SUR

LE PREMIER DISCOURS.

(1) Lordat, Conseils sur la manière d'étudier la physiologie de l'homme. Montp., 1813, *in*-8°, p. 7.

(2) M. le Professeur Dubrueil a vu et fait voir un grand nombre de personnes que, chez la taupe, un des rameaux de la branche ophthalmique de Willis se rendait seul à la rétine, et remplaçait ainsi le nerf optique, trop imparfaitement organisé pour que ses fonctions ordinaires pussent être conservées. Malgré tout ce qu'on a objecté depuis, pour infirmer la validité de cette observation, l'autorité de M. Dubrueil, en Anatomie sur-tout, nous paraît d'un trop grand poids, pour que, ce Professeur ayant dit qu'il avait *vu* cette distribution nerveuse, il pût nous être permis de soupçonner sa véracité. D'ailleurs, M. Adelon (*a*) ne reconnaît-il pas

(*a*) Physiologie de l'homme. Paris, 1829, t. I, p. 342.

que la cinquième paire, « dans certains animaux...., « *remplace des nerfs des sens spéciaux*, comme « l'*optique* dans la taupe, la musaraigne ; comme « l'*acoustique* dans les raies, etc. »

Quant à la *transposition des sens*, on ne saurait lui être plus favorable que M. DE BLAINVILLE, puisque l'*oreille*, selon lui, « n'est encore qu'une « *partie de la peau*, mais qui s'est *modifiée* pour « être sensible aux plus légères vibrations des « corps, et pour que l'impression de ces vibra- « tions ne soit pas restreinte à un simple tact (*a*). » D'après ces idées, les sens sont donc une preuve que la peau *peut être ainsi modifiée*. Maintenant, supposez, par l'effet d'une maladie, une *modification analogue*, *à la peau de l'épigastre*, et l'on pourrait *voir*, *goûter*, etc., par cette partie, comme FOUQUET et PETETIN en sont convaincus ; admettez une *modification pareille dans la peau du cou*, et l'on y verrait par la nuque, comme l'a reconnu ROSTAN, etc.

(3) *De Medicinâ*, *lib.* 8, *ed.* KRAUSE, *Lipsiæ*, 1766, *in*-8°, *Præf.*, *p.* 7. CELSE s'exprime si clairement à ce sujet, que j'ai de la peine à comprendre pourquoi GOULIN (*b*) a pu penser

(*a*) ADELON, ouv. cit., t. I, p. 356.

(*b*) Mém. littér., critiq., philos., biogr. et bibliogr., pour servir à l'hist. anc. et mod. de la Médecine, 1775, *in*-4°, p. 108 ; Voy. aussi GALIEN (*Adm. an. III*, 5), et TERTULLIEN (*De An. c.* X *et* XXV).

qu'HÉROPHILE n'*avait disséqué que des cadavres de criminels.*

(4) Que le franc-archer dont parlent MONSTRELET dans ses *Chroniques*, AMBR. PARÉ dans ses *Œuvres*, MEZERAY dans son *Abrégé Chronologique*, fût de Meudon ou de Bagnolet; que l'opération grave subie par ce franc-archer, sous le règne de CHARLES VIII (*a*), ou sous celui de LOUIS XI (*b*), ait été, soit la *néphrotomie;* soit la *taille* par *une sorte de grand appareil* (MÉRI); soit la même opération par *le haut appareil*, ce qui paraît plus probable (HALLER); soit enfin la *gastrotomie* faite dans l'intention de guérir un *volvulus* (TOLET) : il n'en résulte pas moins de tout cela, que, dans le quinzième siècle, des Docteurs ont été *autorisés à faire une vivisection humaine.*

(5) Quoique l'organisation soit, à proprement parler, la même dans un corps humain *vivant* et dans *celui que la vie vient d'abandonner*, gardez-vous de confondre ce qui est propre à l'un de ces états, avec ce qui ne doit se rapporter exclusivement qu'à l'autre. Cette vérité,

(*a*) Abrégé chronolog. de l'hist. de France, Amsterd. 1701, *in*-12, t. IV, p. 60.

(*b*) ÉLOY, Dict. de Méd. (COLOT). — Selon ÉLOY, ce serait GERMAIN COLOT lui-même qui aurait alors pratiqué la lithotomie, après en avoir obtenu la permission de LOUIS XI.

qu'ARISTOTE avait déjà reconnue, a été exprimée par CELSE avec assez d'énergie pour que je ne sois pas fâché de reproduire ici ses propres expressions : « *Neque quicquam esse stultiùs,* « *quam quale quid vivo homine est, tale existi-* « *mare esse moriente, imò jàm mortuo* (*a*). »

(6) Le petit traité de M. LORDAT (*b*), qui porte ce titre, est un morceau de philosophie médicale qui ne saurait manquer d'exercer une grande influence sur les études. Un écrit de ce genre ne pouvait être réservé qu'à un Professeur qui, comme l'auteur lui-même, ne dut qu'à des réflexions profondes et constantes sa réputation brillante dans l'*art d'enseigner*, auquel il aurait consacré sa vie entière.

(7) L'innervation est-elle double ? Y a-t-il des nerfs du sentiment et du mouvement (*c*) ? Et, dans ce cas, d'où provient cette différence ?

(*a*) *De Medicinâ, lib.* 8, *ed. cit.*, *Præf.*, *pag.* 11.

(*b*) *In*-8° de 78 pages. Extrait des Éphémérides médicales de Montpellier (Juillet 1828).

(*c*) A l'occasion de la distinction physiologique des nerfs, en nerfs 1° *sensitifs*, 2° *moteurs*, et 3° *sensitifs et moteurs* tout à la fois, M. ADELON nous rappelle que « Déjà des « auteurs anciens, HÉROPHILE, GALIEN, avaient *instinc-* « *tivement* établi ces distinctions entre les nerfs...... » (Ouv. cit., t. I, p. 92.) A la place de M. ADELON, j'aurais mieux aimé voir du *Génie* que de l'*Instinct*, dans l'idée que ces savans médecins avaient eue.

A-t-on bien réfuté les objections que fournissent les nerfs encéphaliques contre le système du Professeur MECKEL (*a*), qui tend à assimiler aux paires nerveuses *spinales* les paires *encéphaliques* réduites à deux seulement, aux racines desquelles il reconnaît aussi une double origine ?

CH. BELL a observé que, comme on le savait déjà, les mêmes muscles pouvaient être paralysés dans certaines suites de mouvemens, tandis qu'ils ne l'étaient point dans d'autres (*b*) ; c'est-à-dire que, pour nous servir du langage de la Doctrine de Montpellier, un même muscle peut être paralysé pour certaines *synergies*, quoiqu'il soit très-*sain pour beaucoup d'autres. Y aurait-il autant de racines qui partent des faisceaux antérieurs, qu'il existe de séries ou d'enchaînemens différens de mouvemens musculaires ?* Cela peut être ; mais le beau travail qu'il faudrait entreprendre pour le démontrer, n'a point été exécuté jusqu'à ce jour.

Dévoiler la *cause anatomique* de toutes ces circonstances, ce serait rendre réellement service ; mais on a beau faire, je crains bien que la *matérialisation de la vie* ne soit pas plus possible que celle de la *pensée*.

(*a*) Le rapprochement déjà fait par CH. BELL entre un nerf céphalique, celui de la cinquième paire et les nerfs spinaux, semble avoir suggéré le système de MECKEL.

(*b*) Voyez ADELON, ouv. cit., t. I, p. 195.

(8) *De historiâ medicâ mirabili. Francof. ad Mœn.*, 1613, *lib.* 4, *p.* 495.

(9) Ici j'ai annoncé le plan que j'ai suivi, dont on verra *l'ensemble* dans le second Discours, et les *principaux détails* dans les notes nombreuses qui l'accompagnent.

Bien convaincu qu'il était impossible de faire un Cours complet en quarante séances, j'ai du moins tâché de lier toutes mes leçons par l'idée générale que je vais énoncer : *Nos organes sont si imparfaits, considérés sous le rapport mécanique, qu'une première et unique impulsion ne saurait suffire pour qu'ils pussent exécuter leurs fonctions ; il faut qu'il y ait quelque chose qui dirige constamment leurs actions, soit simultanées, soit successives : sans cela, aucune d'elles ne pourraient s'exécuter d'une manière régulière.* Telle est l'idée fondamentale qui, donnant de l'unité à toutes les leçons que j'ai faites, doit aussi en être regardée comme la conclusion commune.

(10) J'avais à craindre, comme on me l'a dit avec raison, que cette défiance de mes propres forces ne me fût plus nuisible qu'utile, en diminuant la confiance de mes auditeurs. Mais le ton d'un Agrégé et celui d'un Professeur devaient-ils être le même? Pouvais-je être sûr de réussir? Et, dans cette supposition, devais-je le faire pressentir dans une première séance?

N. B. Quand il a été question d'Anatomie Comparée et d'Anatomie Humaine (1), j'ai oublié de faire sentir la différence qui existe, relativement à leur utilité pour la Médecine, entre la dissection des espèces d'animaux les plus éloignées de l'homme, et celle des espèces les plus rapprochées de la nôtre, telles que les quadrumanes, à la tête desquels l'Orang-outang doit être placé.

Le degré de rapprochement naturel de ces diverses espèces, doit être regardé comme la juste mesure de la facilité avec laquelle certaines maladies passent des unes aux autres : aussi les singes sont-ils à la fois, et les animaux qui ressemblent le plus à l'homme, ce que les anciens avaient très-bien reconnu ; et ceux chez qui se manifestent le plus souvent les affections auxquelles les hommes eux-mêmes sont le plus sujets.

Buffon parle d'un Orang-outang femelle qui mourut du scorbut, au Cap-de-Bonne-Espérance, où il avait été apporté.

Paulet a vu la petite-vérole et la rougeole se transmettre par contagion à quelques espèces de singe (2).

La maladie dont est mort le singe vert décrit

(1) Pag. 11 et 12.

(2) Valmont de Bomare, Dict. universel d'histoire naturelle.

par M. LORDAT (1) était évidemment une affection scrophuleuse, analogue à celle de l'espèce humaine, dont des *tubercules suppurés* formaient le principal caractère, et qui s'était concentrée, chez cet animal, dans la poitrine et dans l'abdomen. Une circonstance bien digne de remarque, c'est que l'épaississement des poumons autour du cœur était si considérable, que cet organe *avait dû cesser de battre long-temps avant la mort.* Ce fait se rattache naturellement à ceux qui avaient déjà prouvé que le cœur n'est point le seul agent de la circulation.

CAMPER a bien vu, d'après ce que dit GALIEN lui-même, que le singe dont les anciens se servaient pour leurs démonstrations anatomiques, était précisément l'Orang-outang dont le physiologiste hollandais a si fidèlement tracé les caractères. Cela n'empêche pas que, malgré les analogies nombreuses que l'on trouve entre l'Orang-outang et l'homme, on ne doive être fort étonné, quand on pense que l'on possédait déjà toute la Médecine d'HIPPOCRATE et de GALIEN, à une époque où l'on ne connaissait encore d'autre anatomie que celle que la dissection des singes avait pu apprendre, *presque exclusivement.*

(1) Observations sur quelques points de l'anatomie du singe vert, et réflexions physiologiques sur le même sujet; Paris 1804, *in*-8°.

DISCOURS

CONTENANT

LA RÉCAPITULATION

DU COURS DE PHYSIOLOGIE

APPLIQUÉE

A LA PATHOLOGIE;

PRONONCÉ

DANS L'AMPHITHÉATRE DE LA FACULTÉ DE MÉDECINE
DE MONTPELLIER,

LE 6 MARS 1828.

DISCOURS

CONTENANT

LA RÉCAPITULATION

DU COURS DE PHYSIOLOGIE

APPLIQUÉE

A LA PATHOLOGIE.

DES sages de toutes les époques ont regardé comme le moyen le plus propre à nous rendre meilleurs, la récapitulation, opérée chaque soir, des actions que nous avions faites, et des pensées auxquelles nous nous étions livrés, dans le courant de nos journées. Les regrets inséparables de tous nos actes répréhensibles, et cette douce satisfaction, qui, se liant sans cesse à l'exécution convenable de nos devoirs, passionne en quelque sorte nos vertus, leur ont paru, avec raison, deux voies qui, malgré leurs directions opposées, avaient du moins un avantage commun : celui de conduire vers un même but, toujours digne d'éloges.

La fin d'un Cours n'est à mes yeux que le soir

d'une journée scientifique dont la série de séances représente assez bien les actions.

Le desir de mieux faire encore par la suite, m'a suggéré l'idée de venir aujourd'hui penser tout haut devant vous, en vous offrant l'ensemble des divers objets qui ont été traités dans ce Cours, et auxquels j'ai soigneusement conservé l'ordre que j'avais suivi dans leur exposition.

Physiologie Générale.

Bien persuadé que souvent un sujet n'était traité d'une manière peu satisfaisante, que parce qu'il avait été mal défini, j'ai dû commencer ce Cours par une bonne définition de la science qui en était l'objet. Aussi, après avoir dit ce qu'on devait entendre par *phénomènes*, et par *explication de phénomènes*, j'ai successivement examiné et trouvé peu précises les définitions données par CASTELLI, HALLER, PROCHASKA, CALDANI, et MM. RICHERAND, FODÉRÉ, MAGENDIE, BROUSSAIS, IS. BOURDON ; et j'ai

Définition.

cru pouvoir regarder la Physiologie comme *une partie de la science de l'homme, ayant pour sujet les phénomènes du corps humain, dans l'état de santé* (1).

Objet formel.

Quant à l'objet formel qu'elle se propose, il m'a paru trop bien présenté dans l'exposé qu'a fait M. LORDAT du *problème physiologique*, pour que je ne fusse pas obligé d'employer les mêmes expressions (2).

Commen-

L'importance de ce *problème* m'a suggéré

l'idée de le commenter avec soin, pour rendre plus claires, et mieux arrêtées dans votre esprit chacune des propositions qui le constituent. La considération de quelques-unes de nos fonctions et de nos maladies, ainsi que de la vraie manière dont on doit raisonner sur les diverses causes des phénomènes en général, m'a été fort utile pour beaucoup approcher de mon but, en supposant que je n'aie pu complètement l'atteindre (3).

taire du problême physiologique.

Philosophie des causes.

La distinction de la connaissance des *lois* que suit une cause dans son action, d'avec la connaissance de la *nature intime* de cette cause, nous a conduit à reconnaître que si la *cause de la vie* paraissait moins connue qu'un grand nombre de causes physiques considérées dans leur essence, c'était seulement à des esprits superficiels, pour qui le domaine de la vraie philosophie était un pays encore entièrement inconnu.

Division des phénomènes.

1° Phénomènes physiques.

J'ai entrepris l'étude des trois ordres de phénomènes que le corps humain présente lorsqu'il est vivant, en commençant par celle des *phénomènes physiques* (4).

J'ai énuméré en ce lieu un grand nombre d'organes dont les fonctions étaient purement physiques (5) ; ce qui procurait aux moyens de *prothèse* l'avantage de les rétablir presque entièrement, lorsque par l'effet de diverses maladies elles avaient été altérées ou même complètement détruites (6).

2° Phénomènes moraux.

Dans l'étude des phénomènes propres à l'homme et qui se rapportent au *principe moral* que presque tous les peuples ont regardé comme un *souffle*, j'ai signalé *ce penchant irrésistible et spontané*, qui nous entraîne sans cesse vers la perfection (7) ; mesure ses forces aux obstacles qu'on lui oppose (8), et suffit seul pour établir une ligne de démarcation bien distincte entre les *phénomènes moraux* et ceux qui ne sont que l'effet de l'*instinct* ou de l'*habitude*.

L'*âme* ne devait point être confondue, comme on le fait si souvent de nos jours, avec l'*appareil sensitif interne* qui n'est que l'*instrument* dont elle se sert, ou bien le *théâtre* sur lequel elle entre en action (9) : aussi ai-je fait remarquer qu'elle pouvait souvent abandonner le corps sans que la moindre altération sensible fût l'effet inévitable de cette retraite (10).

Psychologie médicale.

La Psychologie médicale qui devait seule nous occuper ici, a été réduite à ce que WOLFF nomme *Psychologie Empirique*, après que les *opérations complexes qui constituent les arts intellectuels* en ont été elles-mêmes détachées. Le médecin doit étudier dans le principe pensant ses *diverses modifications* et ses *différentes manières d'agir*, c'est-à-dire les *attributs essentiels de l'âme* (11) et ses *facultés* (12). J'ai cru devoir signaler, en ce lieu, l'utilité des recherches sur l'*origine de nos connaissances*; celle de l'étude, des *sentimens moraux ;* des *inclinations ou aptitudes* (13) *;* de la *variation dans la quantité d'action dont l'âme est susceptible* (14) *;* des *qualités dont les divers assortimens constituent les caractères ;* des effets de la répétition des actes ou des affections qui constituent l'*habitude* ; enfin de cette *aptitude à être modifiés par le principe moral,* dont dépend en grande partie l'*éducabilité* (15).

3° Phénomènes vitaux

En distinguant soigneusement les *phénomènes vitaux* de ceux des deux autres classes, j'ai pu éviter également les erreurs de l'Animisme ou de Stahl, ainsi que celles des différentes nuances de Matérialisme ou de Péreira, Descartes, La Mettrie, Cabanis, Gall, et l'on peut même dire de l'École solidiste moderne. Je ne pouvais donc, sans enfreindre les règles si bien établies par Newton, ne pas les rapporter à une *cause spéciale* (16).

Cause de la vie.

Vous avez senti combien il était nécessaire que cette *cause*, désignée sous des noms différens par des philosophes ou des médecins distingués de toutes les époques (17), reçût, comme le prescrivait Bacon, une dénomination qui ne fît rien préjuger sur sa nature inconnue (18). C'est à l'oubli de ce précepte suivi par Newton, mais négligé depuis jusqu'à Barthez qui l'a rappelé d'une manière si utile pour la science, que me semblent devoir être rapportés les vices

Ses dénominations.

des théories de la vie que nous donnent sur-tout nos contemporains (19).

N'attachant aux dénominations que le peu d'importance qu'elles méritent, je vous ai fait sentir l'avantage de donner tantôt l'une d'elles, tantôt l'autre (20), à cette *cause* dont l'existence ne peut être douteuse que pour quiconque manque de philosophie ; et je vous ai ensuite entretenu de ses *attributs essentiels* et de ses *facultés*.

I. Attributs essentiels.

1° Individualité.

Dans nos considérations sur les *attributs essentiels* de cette cause, vous avez reconnu que l'*individualité vitale* ne pouvait vous être aussi bien démontrée que celle du *Moi Moral*. La cause de la vie n'ayant rien d'analogue à la *conscience* que LOCKE a justement regardée comme le caractère du second, j'ai eu recours à la méthode d'exclusion, pour avoir sur ce point des probabilités presque équivalentes à des certitudes (21).

2° Activité.

Quoi qu'aient pu dire les solidistes, vous avez vu l'*activité de la cause vitale* dans une foule de phénomènes, mais sur-tout dans les opérations de l'instinct, que l'on ne saurait regarder comme de simples réactions (22).

3° Spontanéité.

Vous avez peut-être été surpris de voir que, si cette cause agissait souvent en vertu d'une sorte de délibération que des incitations diverses avaient pu occasioner, elle était aussi susceptible d'agir, dans beaucoup de cas, d'une *manière tout-à-fait spontanée* (23).

Commençant l'étude des *Facultés vitales* par celle de la *sensibilité*, j'ai donné une idée succincte des *sens* généralement admis (24), en distinguant, d'après GALIEN, dans les organes qui les constituent, les *parties propres* (25) de celles qui ne sont seulement que *ministrantes*.

II. Facultés ou Forces vitales.

1° Sensibilité.

Sens.

J'ai ensuite considéré la douleur et le plaisir d'abord comme causes de maladies (26), puis après comme moyens thérapeutiques; ce qui a été pour moi une occasion de développer les idées sur lesquelles le principe ingénieux de MARCARD avait été établi (27).

Quelques considérations qui vous ont été exposées ensuite sur des *anœsthésies* inexplicables par la distribution anatomique des nerfs; sur la *sensibilité des parties blanches* (28), et sur les *métasyncrises*, ainsi que sur les *perturbations thérapeutiques* (29), ont été aussitôt suivies de l'étude de l'influence des climats sur la sensibilité, qui nous a forcé d'établir en principe, qu'*une même lésion organique peut produire des symptômes très-différens selon la disposition des sujets* (30). Je devais aussi vous signaler en ce lieu la douleur dans ses rapports avec les *fluxions*, qui, comme vous le savez tous, constituent les trois quarts de la Médecine.

Métasyncrise. Perturbation.

Fluxions.

Passant ensuite à l'étude des sympathies qui

Sympathies.

m'ont paru quelquefois pouvoir s'exercer par le seul intermédiaire du sang, comme dans la belle expérience de MM. DELILE et MAGENDIE, je vous ai cité des exemples choisis des diverses relations auxquelles on doit donner ce nom (31).

J'en ai dit assez pour vous bien convaincre de l'utilité dont pouvait être au diagnostic (32) et à la thérapeutique (33) l'étude profonde des sympathies; et j'ose croire que vous ne pourrez plus désormais confondre cet ordre de phénomènes ni avec les *synergies*, ni avec les phénomènes *per transitum* (34).

Synergies.

2o Force motrice.

Les divers mouvemens des muscles, si souvent attribués à une cause mal dénommée (35), ont été rapportés à une *force motrice* dont je vous ai tout aussitôt fait connaître la manière d'agir.

a. Contraction involontaire.

Quelques considérations sur les méthodes de VERDUIN et de VALENTIN pour les amputations, et les réflexions de M. LORDAT sur les effets de certaines chaussures, ont été pour nous autant de preuves du pouvoir illimité de la *contraction involontaire* des muscles (36). Ces idées nous ont naturellement conduit à réfuter, d'une manière victorieuse, l'erreur de BICHAT sur l'*état demi-ouvert* des yeux chez les mourans (37).

b. Mouvemens d'irritation.

Il vous a été facile de voir que les *phénomènes d'irritabilité*, bien distincts des autres mouvemens musculaires (38), avaient été pour HALLER la source des erreurs qui avaient rendu sa physiologie incomplète (39).

La contraction volontaire des muscles dont nous avons indiqué les conditions, nous a fourni l'occasion de préciser les effets des divers degrés de constriction exercés sur ces organes (40) : et tout aussitôt des faits curieux, fournis par la Physiologie, la Pathologie et l'Anatomie comparée, sont venus démontrer combien étaient étonnantes la *lenteur* (41) et la *célérité* (42) dont ces organes étaient quelquefois susceptibles.

c. Contraction volontaire.

Quant à la modification de l'action musculaire que BARTHEZ appelle *Force de situation fixe*, vous avez pu voir, par les preuves que j'ai alléguées de son existence, que si l'on refusait encore d'admettre les idées de cet auteur sur ce point, ce refus n'avait évidemment d'autre base que la non-intelligence de son texte, et le défaut de connaissance suffisante de sa Doctrine (43).

d. Force de situation fixe.

Bien convaincu que la *Physiologie n'est réellement utile que lorsqu'elle éclaire la Pathologie Humaine*, je vous ai fait remarquer que, dans un grand nombre de maladies, la Nature opérait d'elle-même une véritable analyse des diverses actions des muscles dont je vous ai entretenu ; et vous avez bien senti que, sans leur admission, les théories que l'on se faisait des états morbides indiqués ne sauraient être nullement soutenables (44).

Applications à la pathologie.

Ce qui se rapportait à la *Force altérante et assimilatrice*, a dû naturellement trouver sa

3o Force altérante et assimilatrice.

place après ce qui concernait la *vie* et *les mouvemens* que cette Force devait entretenir. Un coup-d'œil sur l'ensemble de la nutrition, vous a fait voir combien étaient nombreux les actes qui se groupaient autour de la *transmutation des alimens en notre propre substance.*

Vous avez reconnu l'imitation du chyme par l'art, absolument impossible (45); l'acte assimilateur inexplicable (46); les *forces digestives* et les *facultés intellectuelles* ordinairement en opposition directe et se nuisant mutuellement, comme l'avaient fort bien observé les anciens, quoiqu'ils ignorassent le beau principe auquel ce phénomène se rapporte (47). Je vous ai fait noter aussi les variations de la force assimilatrice selon les âges ; et j'ai placé immédiatement après quelques réflexions sur l'augmentation de volume des muscles, sur leur nutrition (48), et sur le rapport des actes intimes dont elle dépend. L'embonpoint, l'amaigrissement et l'*inedia*, m'ont été alors d'un grand secours pour développer mes idées (49).

4° Force conservatrice et pouvoir de destruction propres à la vie.

L'existence d'une *force conservatrice de la constitution chimique du corps* (50), d'une *puissance calorifique* et *frigorifique*, et d'un *pouvoir destructeur* plus prompt que celui des agens chimiques, tous dépendans de la vie, vous a été démontrée par un grand nombre de faits curieux, dont les *fièvres gangréneuses* (51) et les *combustions humaines spontanées* n'ont pas dû vous sembler les moins intéressans.

Combustions humaines spontanées.

Dans l'étude de ce dernier phénomène, si important sous le rapport médico-légal (52), j'ai profité des travaux de Dupont, Adolphi, Le Cat, et sur-tout de ceux de MM. Lair, Kopp, Dufaure, Dupuytren, Breschet et Orfila, pour vous en donner une description qui fût propre à éclairer sa théorie.

L'obscurité qui règne encore sur ce sujet, m'a paru provenir de ce que l'on avait souvent confondu des *causes prédisposantes* et *déterminantes* bien connues (53), avec la cause *essentielle* ou *efficiente* que nous ne connaissons nullement; mais que je serais assez disposé à regarder comme un acte purement vital, fort analogue et peut-être identique avec le pouvoir calorifique lui-même, porté à un très-haut degré (54). Les principes éminemment combustibles que notre économie engendre continuellement (55); l'accumulation chez nous du calorique et du fluide électrique dans des températures froides (56), et la rapidité des combustions de ce genre, comparée à la difficulté d'incinérer un cadavre; nous ont fourni autant de probabilités en faveur de ce sentiment (57).

50
Force plastique.

La *force plastique*, *force essentielle* de Wolff, *nisus formativus* de Blumenbach, est venue à son tour réclamer votre attention.

Organisation.

Ici l'*indépendance du fœtus et sa tendance à s'organiser lui-même* nous ont fait voir la *vie* travaillant à l'*organisation* et au *développement* des parties, en raison non de leur rapprochement du cœur, mais bien de leur degré d'utilité actuelle (58). Je vous ai signalé la symétrie que cette cause affecte dans les vices primitifs de conformation, en reconnaissant toutefois que la prédominance constante d'un côté du corps sur l'autre semblait entrer dans les vues de la Nature (59).

Accroissement.

Dans nos considérations sur l'*accroissement* (60), je n'ai pu oublier la *conservation des ressemblances* avec les ascendans, ainsi que leur formation quelquefois graduée (61) ; non plus que le rapport du développement des extrémités dans l'enfance, avec la taille que le corps devait atteindre un jour (62).

Rédintégration.

A l'occasion des phénomènes relatifs à la *rédintégration*, je vous ai cité un grand nombre de cas d'organes régénérés, en usant quelquefois d'une critique qui, pour être sévère, n'a pas dû cependant vous paraître injuste (63). Ces faits ont été suivis d'exemples tout aussi nombreux attestant le *rétablissement de la continuité rompue ;* la reprise de parties entièrement séparées (64), et la possibilité de véritables *greffes animales* (65).

Génération d'organes nouveaux.

Indiquant ensuite, comme un autre ordre de phénomènes relatifs à cette force, les *végétations*, les *excroissances vivantes* et les *loupes*, je vous ai fait distinguer les kystes des corps étrangers de ceux qui, même chez l'homme, contiennent des *os*, des *dents* et des *cheveux*, et qui ne sauraient être regardés, ainsi qu'ils peuvent l'être chez les femmes, comme le *résultat d'une génération incomplète* (66).

Génération humaine.

Il m'était impossible d'exposer ici les nombreux systèmes auxquels la génération humaine a donné lieu ; aussi, les points les plus intéressans de cette fonction sont ceux dont je me suis exclusivement occupé (67).

Génération d'insectes parasites.

J'ai admis la génération d'insectes parasites dans le corps humain vivant (68), pour la rapporter ensuite à une *aberration de la force plastique* ou *de ce même pouvoir générateur, auquel nous devons la faculté d'engendrer nos semblables*.

Vision, comme exemple de fonctions réunissant les trois ordres de phénomènes.

Après l'*exposé succinct des idées fondamentales de physiologie générale*, je vous ai signalé des fonctions dont le parfait exercice exigeait le concours des trois ordres de phénomènes indiqués ; et la *vision* vous a été citée en exemple.

Les principales lois auxquelles obéit la lumière dans sa *réflexion* et sa *réfraction* vous ont été rappelées ; et l'organe de la vision, *chez l'homme*, vous a été présenté comme un appareil d'optique fort analogue à la *chambre obscure* de Porta.

La fonction proprement dite de ce sens auquel nous devons tant d'idées, a été réduite à la sensibilité d'une membrane presque exclusivement nerveuse (69) ; ce qui a rendu moins extraordinaires pour nous les faits relatifs à la *transposition des sens*.

J'ai indiqué les altérations de la vue dont certaines modifications vicieuses des milieux réfringeans étaient cause (70), en faisant ressortir l'admirable *achromatisme* de l'œil humain et les lésions qu'il pouvait éprouver (71).

J'ai ensuite signalé les maladies que produisaient l'*excès* et le *défaut de lumière et de sensibilité* (72) ; et après avoir expliqué la cause de quelques erreurs de la vue, je vous ai fait sentir combien étaient insuffisantes, les diverses explications purement physiques, que l'on avait données de la faculté qu'avait l'œil de voir parfaitement à des distances très-différentes (73), en reconnaissant toutefois l'influence que les parties ministrantes devaient nécessairement exercer sur cette fonction.

Physiologie spéciale.

Système osseux.

Fidèle au plan que je m'étais tracé, c'est par le *système osseux* que j'ai abordé la *Physiologie spéciale*.

Bien persuadé que, pour être parfaitement connus, nos organes devaient être étudiés ici comme les hommes eux-mêmes, dans leur *vie privée*, dans leur *vie publique*, et dans leurs *relations avec leurs parens et amis* : j'ai dû étudier les os dans leur *vie propre*, dans leurs *fonctions générales* (74), et dans leurs divers ordres de relations ou *sympathies*.

Quelques mots sur les *propriétés physiques* et la constitution chimique de ces organes, ont été bientôt suivis de l'exposé des analyses faites par FOURCROY, MM. VAUQUELIN et BERZÉLIUS (75), ainsi que de l'indication des divers modes d'analyses grossières connues depuis long-temps, et que la nature opère d'elle-même dans certaines maladies (76). Propriétés physiques et constitution chimique.

En abordant les *fonctions privées* de os, je n'ai pu m'empêcher de témoigner combien la Physiologie de ce système était négligée, surtout dans les ouvrages de notre époque (77). Après cela, la *sensibilité*, la *contractilité* et l'*expansion active des os*, ont été successivement considérées, non comme des *propriétés*, mais bien comme des *facultés vitales* (78). L'étude de la nutrition de ces organes nous a naturellement conduit à la théorie de plusieurs maladies auxquelles ses altérations donnent lieu, telles que la *friabilité*, l'*ostéomalaxie* et la *diathèse osseuse*. 1° Fonctions privées.

Parmi les faits nombreux relatifs à cette dernière affection, j'ai placé la description d'une pièce anatomique très-propre à jeter du jour sur la théorie de l'ankylose; et j'ai mis à sa suite des preuves multipliées d'ossifications remarquables des veines, dont plusieurs ont été empruntées à des devanciers de BICHAT, qui malgré cela nie d'un ton positif leur existence (79).

Diathèse osseuse.

La *Diathèse osseuse*, observée d'abord dans ses effets sur les parties molles, a été suivie dans son action sur les *articulations mobiles* et sur le *corps des os*. Des faits nombreux d'*ankyloses* tant *partielles* (80) que *générales* (81); d'*exostoses* et d'*épaississemens éburnés* considérables de tous les os de l'économie (82), ont été les preuves manifestes sur lesquelles ont reposé toutes les assertions énoncées à ce sujet.

Quelques mots sur l'*embonpoint* et l'*amaigrissement* dont les os sont susceptibles, ont précédé l'établissement d'un rapport évident entre les diathèses *lithique* et *osseuse*, suggéré par l'observation de certaines tumeurs solides d'une nature mixte, ainsi que par la moindre solidité que les os des calculeux présentent (83).

Après cela, des réflexions sur la couleur des os à différentes époques de la vie, et sur le défaut de rapport de l'accroissement de ces organes avec celui des parties molles, sont venus terminer tout ce qui était relatif à la *force assimilatrice* de ce système.

Nécrose.

Pour que l'histoire de la vie privée des os ne laissât rien à desirer, nous devions la compléter par la description de leur mort: je ne pouvais me dispenser de parler de la *nécrose*.

Parmi les causes diverses de cet état morbide, j'ai cru devoir distinguer celles qui sont *désorganisatrices*, de celles qui, dépendantes d'une disposition générale interne ou de différentes impressions fâcheuses, agissaient directement contre les mouvemens vitaux intimes dont dépend la nutrition des os. Le défaut, dans ces organes, des contractions promptes qui dans les parties molles sont de vrais moyens de défense, a dû vous être signalé comme favorisant ces différentes causes dans leur action (84).

Ensuite, la nécrose, qui quelquefois aussi est médicatrice (85), a été considérée comme produisant dans l'os un état bien différent de celui que toute autre cause pouvait amener ; et l'élimination des os qu'elle a atteints, nous a présenté la plus grande analogie avec l'ensemble de mouvemens expulsifs que met si fréquemment en jeu la présence des corps étrangers (86).

J'ai terminé ce qui devait être dit sur ce sujet par quelques remarques détachées sur l'enveloppe de nouvelle formation des séquestres (87) ; sur l'absorption de ceux-ci ; sur l'insertion des tendons des muscles à l'os nouveau, et la conservation des fonctions de ces derniers, ainsi que l'a vu Troja (88) ; et sur le défaut de rapport entre l'os régénéré et les parties molles, qui quelquefois avait donné lieu à l'allongement anormal d'un membre (89).

Les os qui n'avaient été jusque-là considérés que sous le rapport de leur *vie privée*, ont été bientôt envisagés sous celui de leurs *fonctions publiques*. 2° Fonctions publiques.

Nous nous sommes occupé de la *solidité*, de l'*élasticité* et de la *porosité* de leur tissu, en signalant les avantages que ces propriétés procuraient à la nutrition de ces organes ; à la conservation de la taille et des formes, et à leur forte résistance, malgré leur légèreté si favorable à la locomotion.

Vous avez vu tout ce que présentait d'admirable la solidité du squelette, par l'effet de la distribution des différentes substances osseuses ; du mode de résistance des diverses cavités ; et de la prévoyance avec laquelle la Nature fortifiait encore les points les plus faibles de ce système, au moyen des parties molles dont elle leur faisait un rempart (90).

Je vous ai fait connaître ensuite, d'abord les avantages que présentaient les os plats et les os courts dans leur analogie avec les voûtes ; puis après les fonctions des os longs, considérés comme des leviers de divers genres, qu'à l'aide de quelques dessins grossiers, mais tracés sous vos yeux, nous avons retrouvés dans un grand nombre d'attitudes du corps humain (91). Ces idées de mécanique animale, appliquées à *la Pathologie Humaine que je n'ai pas perdue de vue un seul instant dans tout ce Cours*, nous ont fait trouver la *raison suffisante d'une foule de maladies dont la Physiologie seule est la véritable clef.*

Crâne. Le premier objet qui a fixé notre attention

dans le *crâne*, a été le rapport qui existe entre la configuration de cette partie et le reste de l'économie entière.

Vous avez vu dans cette cavité des formes absolument analogues à celles qui auraient été produites par le froncement de la partie inférieure d'un ovoïde en cire (92). Vous avez, sans doute, retenu que la courbure de l'axe du crâne est elle-même d'autant plus forte que l'animal qu'on observe est plus rapproché de l'homme ; le seul chez qui la prolongation de cette ligne approche beaucoup de la spirale d'ARCHIMÈDE (93). Vous vous souvenez, sans doute aussi, de ce qui a été dit sur l'ossification précoce et l'immuabilité si avantageuse de la base du crâne (94) ; ainsi que sur le mécanisme des os qui le composent, dont HUNAULD a donné une idée précise (95), à laquelle BICHAT n'a ajouté qu'une erreur désormais sans danger pour vous (96).

Passant ensuite aux points négligés ou mal vus de la physiologie du *bassin*, après quelques mots sur l'utilité des symphyses (97), nous avons étudié le mécanisme de cette partie, dans ses rapports avec la colonne vertébrale et les extrémités inférieures. L'obliquité du sacrum et des os des îles, relativement à l'épine du dos et aux cuisses ; l'épaisseur des ligamens sacro-iliaques, et l'action de soupente exercée par ces derniers sur le sacrum, qui est si loin d'agir lui-même comme

Bassin.

un coin, malgré que presque tous les anatomistes le disent (98) : vous ont été présentées comme autant de causes puissantes, capables de modérer la propagation des ébranlemens.

Quelques réflexions sur les ligamens dont la solidité du sacrum dépend ; et sur les rapports qui existent, soit entre l'évasement du bassin et le développement des viscères abdominaux ; soit entre la largeur de cette partie et l'étendue de la base de sustentation (99) : ont terminé ce qui devait être dit sur ce point.

Colonne vertébrale.

Nous avons examiné dans la *colonne vertébrale* les avantages des diverses parties des vertèbres (100), ceux de leurs moyens d'union, ainsi que l'origine et l'utilité des courbures que leur ensemble présentait (101).

Dans l'explication des mouvemens des vertèbres, j'ai été forcé de donner la préférence à la théorie de BARTHEZ, malgré qu'elle fût peu conforme aux idées de BICHAT et de M. RICHERAND.

Après cela, quelques mots sur les articulations supérieures de l'épine ont amené l'indication des erreurs de VÉSALE, WINSLOW, SABATIER, CHESELDEN et BICHAT, au sujet de l'articulation occipito-atloïdienne (102).

Altérations des fonctions de l'épine.

Bientôt nous avons fait l'application de ces idées aux maladies qui altéraient la solidité et la mobilité de cette partie (103).

Après avoir décrit l'affection que le Professeur RUST appelle spondylarthrocace (104), et rapporté à des *causes internes seules* les luxations de l'articulation *occipito-atloïdienne*, ainsi que la plupart des cas de celles des vertèbres suivantes (105), vous avez reconnu la vérité de ce principe de pathologie : *que si des lésions subites pouvaient occasioner une mort prompte, quoique elles fussent légères, les altérations organiques les plus graves pouvaient souvent aussi être produites sans de grands inconvéniens, pourvu que leur marche fût graduée.*

A l'occasion de la luxation de l'atlas sur l'axis, il a été question du danger qui accompagne les divers déplacemens de l'apophyse odontoïde, avec laquelle il ne faut point confondre la simple sub-luxation de cette articulation, dont j'ai vu moi-même un cas, traité depuis avec un succès complet dans l'établissement orthopédique de Toulouse (106).

Nous nous sommes ensuite occupé des luxations du corps et des apophyses obliques des vertèbres cervicales qui suivent la seconde, en démontrant que la rédaction même des observations de RUDIGER et de CH. BELL annonçaient autre chose que la simple luxation des corps de la septième vertèbre cervicale et de la douzième dorsale, qui paraissent impossibles (107).

J'ai terminé ce sujet en décrivant une incurvation latérale de l'épine, dont l'inégalité d'action des muscles d'un côté avait été la cause (108); en ajoutant, à cette description, quelques considérations sur l'ankylose des vertèbres de l'homme et des animaux (109), et sur l'état de la colonne vertébrale chez les monstres multiples (110).

Thorax.

Dans le *thorax* de l'homme, vous avez vu la prédominance du diamètre latéral sur l'antéro-postérieur, liée à deux grands avantages relatifs, l'un à la *station*, l'autre à la *progression* (111).

Je vous ai présenté la suite d'arcs osseux flexibles dont le sternum est le rendez-vous (112), comme protégeant, par une résistance dont la *mobilité* et l'*élasticité* sont la base, les organes renfermés dans la poitrine, qui portent encore un moyen de défense dans leur *propre organisation* (113).

Passant ensuite en revue les principales théories du mouvement des côtes dans la respiration, vous avez été forcés de reconnaître, dans celle de Barthez, qui a été préférée aux autres, l'avantage de rendre parfaitement raison d'un plus grand nombre de faits (114).

Mâchoire inférieure.

Le *maxillaire inférieur*, étudié chez divers animaux, nous a présenté dans son *élévation* et son *abaissement*, des leviers de divers genres, exigeant, selon leur prolongation variable dans les différentes espèces, des muscles dont le volume fût en rapport avec ces changemens, et, par suite, des modifications quelquefois très-fortes de tout le système entier (115). C'est ici que j'ai placé les remarques ingénieuses de CAMPER sur le *menton*, et de PINEL sur l'*apophyse zygomatique* (116).

Vous avez pu voir que de la seule observation de la forme des arcades dentaires, découlait nécessairement la connaissance *à priori* des fonctions des dents.

Quant au mécanisme de cette partie, loin de voir dans son articulation une *diarthrose orbiculaire*, comme le dit MECKEL (117), vous avez pu vous convaincre, à l'aide des travaux de FERREIN, de BARTHEZ et sur-tout de M. LORDAT, que, *chez l'homme*, les condyles n'avaient pas le même axe; qu'ils se déboitaient lorsque le maxillaire, en s'abaissant, exécutait un mouvement de bascule autour d'un axe qui devait passer devant et un peu au-dessous de leur col (118); et que, dans son abaissement, cette partie était réellement un levier de premier genre, dont les avantages majeurs vous ont été aussitôt dévoilés (119).

Diarthrose orbiculaire.

Soumis à la loi que je m'étais imposée, de n'attirer votre attention que sur les objets mal traités dans les ouvrages, les *Diarthroses orbiculaires* ont été presque les seules des articulations mobiles dont j'aie dû vous entretenir.

Après l'exposé des théories purement physiques du bruit que le tiraillement des doigts fait entendre (120), ainsi que de l'entorse qui a été considérée comme l'effet d'un *mouvement* articulaire de *seconde espèce* (121), je vous ai signalé cinq graves erreurs de BICHAT, relatives à cette seule diarthrose (122). Pouvais-je saisir une plus belle occasion, pour vous faire sentir que la juste mesure de l'estime due aux auteurs et aux orateurs eux-mêmes, n'était que la somme des idées bien arrêtées qu'ils avaient dans leur tête, ou qui étaient consignées dans leurs écrits ?

3o Affectibilité des os.

L'*affectibilité des os*, dans des états pathologiques, soit aigus, soit chroniques, a trouvé surtout des preuves irréfragables dans l'influence variée des dernières maladies sur le degré de putréfaction du squelette ; influence dont la violation de la sépulture de nos Rois, dans des temps malheureux, nous a fourni de mémorables exemples (123).

Cartilages.

Après quelques mots sur l'incorruptibilité des *cartilages*, leur ossification éburnée, leur gonflement pathologique dont certaines luxations sont le résultat (124), ainsi que les phénomènes d'unité qu'ils présentent (125) ; je vous ai prouvé que même ces organes étaient susceptibles de cicatrices, et que par conséquent il ne fallait faire absolument aucun cas de l'espèce d'*anathême fulminé par* BICHAT *contre les réunions immédiates*, auxquelles il n'est pas permis d'ignorer que la Chirurgie Moderne doit ses avantages les plus brillans (126).

Ligamens.

Les effets de quelques fausses ankyloses et les douleurs de l'entorse nous ont montré, dans les *ligamens*, une force motrice, à la vérité peu intense (127), mais une sensibilité susceptible d'un très-haut degré *dans le seul état pathologique* (128).

Ici, la théorie des douleurs de la goutte et de l'entorse vous a été donnée, et après des considérations sur les effets de la lenteur et de la promptitude des distensions sur nos tissus en général; mais sur les ligamens en particulier; nous avons été forcé de reconnaître *que la vie pouvait produire dans nos organes spontanément*, c'est-à-dire, *par les seules forces dont elle est douée, des dispositions analogues à celles qui sont le résultat des impressions dont nos sensations dépendent*: et la théorie des sensations fantastiques a été naturellement déduite de l'admission de ce principe (129).

Dans ce qui a été dit sur les sympathies et les synergies des ligamens, vous avez remarqué l'explication du danger qui accompagne si souvent le traitement de l'attaque de goutte régulière par l'*opium*, ou par l'application des sangsues (130).

Ligament rond du fémur.

Je vous ai prouvé ensuite par de nouveaux faits ajoutés à ceux qu'avaient recueillis les MM. Caldani, que, contre l'opinion commune, le *prétendu ligament rond de la cuisse* était un véritable organe de nutrition pour la tête et le col du fémur (131).

Muscles. Quand il a été question de la *physiologie des muscles*, les dégénérations diverses que les vices de leur nutrition amènent (132), et l'incertitude où l'on est encore au sujet du siége précis de la *volition*, et du point de départ de leur mouvement (133), ont été les objets dont nous nous sommes d'abord occupé.

Peu d'accord avec quelques physiologistes modernes, je vous ai fait voir par des faits nombreux, empruntés aux songes et à la catalepsie, que *la volonté n'était pas plus indispensable aux mouvemens des muscles, que les impressions elles-mêmes ne l'étaient aux sensations* (134).

L'expression *force motrice* a été opposée, dans ce qu'elle a d'immuable, à l'extrême mobilité des systèmes nombreux que l'on imagine ailleurs que dans cette École, sur la cause intime du mouvement musculaire.

Après cela, vous ayant indiqué l'influence des passions sur l'énergie des muscles (135), je vous ai fait remarquer que leur sensibilité de conscience était moins obtuse qu'elle ne l'avait paru à HALLER et à BICHAT (136).

Sympathies. Certaines morts promptes causées par l'introduction de substances vénéneuses dans le tissu des muscles, nous ont paru plutôt l'effet d'une *sympathie générale* que de l'absorption veineuse que l'on a vainement alléguée dans ce cas (137).

Vous avez apprécié toute l'importance de l'étude des synergies. Des faits curieux et bien constatés vous ont prouvé combien ce point fondamental de la Doctrine de Montpellier était propre à éclairer la Thérapeutique, quoiqu'il soit par-tout ailleurs si négligé, qu'on pourrait presque dire qu'il est entièrement inconnu (138). Synergies.

Après avoir réduit à sa juste valeur l'influence de la volonté sur les synergies, les diverses altérations dont elles sont susceptibles vous ont été signalées (139) ; et comme vous aviez déjà vu que les synergies pouvaient être *acquises* (140), vous avez sans doute été moins surpris de voir, dans des maladies très-curieuses, des exemples de *synergies perdues* (141).

La station dont nous nous sommes ensuite occupé, vous a été présentée comme un exercice pénible : la configuration des pièces du squelette vous en a fourni la véritable raison (142). Station.

Les modifications de la *base de sustentation* ont été examinées dans ses rapports avec la solidité de cette attitude (143) ; ce qui nous a conduit à rappeler les principes que Léonard de Vinci avait établis sur la *pondération* (144).

Passant ensuite à la *locomotion*, je vous ai entretenu des différentes espèces de marches (145), Locomotion. Marche.

et après vous avoir fait connaître d'où provenait l'impossibilité d'introduire la *marche oblique* dans les évolutions militaires (146), nous en sommes venu à la théorie du *saut* (147).

Saut. Rejetant les théories de WILLIS et de BORELLI fondées sur l'élasticité, soit de la terre, soit du corps humain, j'ai adopté les idées de MAYOW, avec les modifications, ou les additions avantageuses que l'on doit à BARTHEZ (148), et au physiologiste à qui ce savant n'a pas craint de confier sa gloire.

Avec M. LORDAT, nous avons vu, dans un des jeux de l'enfance, le principe de mécanique animale transcendante, auquel la vraie théorie du saut devait être rigoureusement rapportée (149).

Course. A l'occasion de la *course* et de ses différentes espèces, qui sont le plus souvent le résultat de la combinaison de la *marche* avec le *saut*, nous avons passé en revue les diverses causes du peu de solidité du corps, pendant ce mode de progression (150). Je vous ai expliqué aussi l'utilité des *mouvemens des bras* et de la *dilatation fixe de la poitrine ;* sans oublier la théorie et les effets de la *force d'haleine* et de la *respiration haletante* (151).

Après avoir prouvé que la course, au lieu d'être absolument proscrite chez les Spartiates, n'était guère défendue que dans les occasions où elle n'aurait pu que ternir la gloire aux yeux de ce peuple soldat (152) ; j'ai rappelé les brillans succès que des marches forcées avaient souvent procurés, dans des circonstances fâcheuses, aux armées de beaucoup d'autres nations, et je vous ai ensuite entretenu du mode de progression dans l'eau.

Nage.

Dans l'exposition de la théorie du nager de l'homme et des poissons, vous avez reconnu la justesse de l'application du principe que BARTHEZ avait établi à l'occasion du saut (153).

Malgré le peu de cas que fait M. MAGENDIE de *la nouvelle mécanique des mouvemens de l'homme et des animaux*, de BARTHEZ, je suis persuadé, qu'à la suite des nombreuses comparaisons qui vous ont été faites, des idées de l'habile expérimentateur de Paris, et de celles du profond physiologiste de Montpellier, vous aurez eu beaucoup de peine à bannir de votre esprit le souvenir du jugement rimé de BOILEAU, sur l'Attila et l'Agésilas de CORNEILLE (154).

Muscles de l'abdomen.

L'exposé qui vous a été fait ensuite de la physiologie des muscles de l'abdomen, s'est lié à la théorie d'une foule d'actes dans lesquels la respiration se trouvait à titre d'élément (155).

Tube digestif, cœur, vessie.

J'ai fait ensuite des réflexions, assez peu susceptibles d'analyse, sur les points les plus intéressans de la physiologie du *tube alimentaire* (156), du *cœur* (157), de la *vessie* (158) et des *muscles de la face*, considérés dans leur

Muscles de la face.

rapport avec l'art mimique, et la représentation des sentimens et des passions (159).

Enfin à une époque où M. le Baron FABRE a fait pour sa patrie, par rapport aux beaux-arts, ce que FRANÇOIS Ier avait fait lui-même pour son royaume, par rapport aux lettres ; je me suis cru dans l'obligation de signaler l'utilité de l'*Anatomie* et de *la Physiologie* pour les arts du dessin, et il m'a semblé convenable de terminer mes leçons par l'exposé du plan d'un Cours, tel que je conçois qu'il devait être fait tous les ans, dans une Académie de Peinture, où l'on aurait voulu que l'enseignement ne laissât rien à desirer (160).

Anatomie appliquée à la peinture.

Voilà le précis fidèle du Cours que je termine aujourd'hui.

MESSIEURS LES ÉLÈVES,

UN devoir sacré m'imposait l'obligation de faire quarante leçons de Physiologie : je les ai faites.

Il m'a toujours semblé que dans une École telle que la nôtre, on devrait assez respecter le Public, pour ne jamais venir dans cette chaire reproduire servilement des idées que l'on trouverait partout.

Ne rien dire de ce qui est généralement bien traité par les auteurs ; relever les erreurs graves avec un soin toujours proportionné à la réputation de ceux qui les ont publiées, et par conséquent au danger qu'elles pourraient produire ; remplir les lacunes que les meilleurs ouvrages présentent, et ajouter autant que possible aux idées bien arrêtées que l'on possédait déjà sur le sujet que l'on traite : telles ont toujours été les obligations de quiconque professait dans une Faculté, et tel devait être aussi le but qu'il fallait m'efforcer d'atteindre.

J'ai voulu prouver, ainsi que je l'avais annoncé dans un premier discours, que *la cause de la vie toujours active, avait besoin de diriger sans cesse tous les actes de l'économie humaine, pour que nos fonctions pussent s'exécuter d'une manière régulière ;* et vous avez vu qu'un bon nombre des propositions qui m'ont servi de texte tendaient vers ce but, comme les fils rayonnans de certaines toiles animales se dirigent eux-mêmes vers le point central, où il était si nécessaire qu'ils vinssent tous se réunir.

Le zèle avec lequel vous avez suivi mes leçons, et l'attention soutenue que vous m'avez toujours accordée, ont assez flatté mon amour-propre, pour faire naître en mon âme, non un vain orgueil contre lequel on m'a de bonne heure appris à me prémunir, mais une reconnaissance bien sentie, que j'ai réellement du plaisir à vous témoigner publiquement dans cet instant.

Aussi, cédant aux vœux de plusieurs d'entre

vous, j'aurais bien volontiers continué mes séances, quoique mes obligations eussent été déjà scrupuleusement remplies, si je n'avais craint que la malignité, toujours disposée à mordre, n'eût présenté le simple desir de vous être utile, comme une preuve évidente d'une très-forte présomption.

Un Empereur romain que l'on appela *le modèle des Empereurs et l'amour de l'Univers*, ce Titus dont l'âme était si bienfaisante, s'écriait quand un jour s'était écoulé sans qu'il eût pu faire une bonne action : *Diem perdidi*......... j'ai perdu ma journée...! Cette réflexion qui, dans la bouche d'un grand homme commanda l'admiration de tous les siècles, eût été pour moi trop affligeante, pour que je n'aie pas dû m'efforcer de la bannir soigneusement de mon esprit.

Puissiez-vous donc, vous tous, qui, sur le soir d'une journée scientifique, êtes venus écouter la récapitulation des actions dont elle s'est composée, me juger assez favorablement, pour que je doive me dispenser de dire moi aussi : *Diem perdidi*...... j'ai perdu ma journée !

NOTES

SUR

LE SECOND DISCOURS.

NOTES

SUR

LE SECOND DISCOURS.

(1) LA Physiologie est une science qui *explique la santé*, ses *causes*, et ses *accidens* ou *modifications*. (CASTELLI.) Cette définition promet beaucoup trop et comprend mal-à-propos la Pathologie. Les *états physiologique* et *pathologique* se détruisent l'un l'autre et ne sauraient coexister : aussi, quoique bien convaincu que la *Physiologie* pouvait être avantageusement *appliquée à la Pathologie*, je n'ai jamais pu concevoir l'existence d'une partie de la science de l'homme qu'il fût permis d'appeler *Physiologie-pathologique*.

La Physiologie est l'*histoire* de tous les *mouvemens extérieurs et intérieurs* qui s'opèrent *dans l'homme*. (HALLER.) Cette définition, qui ne comprend nullement les *principes d'action*, a été cause que la physiologie de cet auteur est fort incomplète. On peut faire les mêmes reproches à CALDANI (a), ainsi qu'à MM. RICHERAND et BROUSSAIS qui définissent la Physiologie la *science de la vie* : ils ne comptent le *principe moral* pour rien.

En définissant la Physiologie « *une* science « naturelle qui a pour objet la *connaissance* « *des phénomènes propres aux corps vivans;* » M. MAGENDIE (b) mérite le reproche fait à CASTELLI. Cette définition, ne désignant pas si les *corps vivans* sont *sains* ou *malades*, embrasse nécessairement la Pathologie : on peut en dire tout autant de M. ADELON (c).

(2) Voyez le premier discours, pag. 4.

(3) Comme exemple « de phénomènes *appa-* « *rens* qui ont pour cause d'autres phénomènes « *cachés* qui se passent dans l'intérieur du corps; » j'ai désigné la *locomotion* dépendant des *mouvemens des os* et de l'*action des muscles*, eux-mêmes soumis à la *volonté*.

La nécessité « d'aller à la recherche des phé- « nomènes cachés, *d'assigner l'ordre de leur* « *filiation et le mode de leur combinaison;* » vous a été démontrée par l'action intempestive de quelques muscles dans certaines maladies (*strabisme, hoquet, spasme fixe partiel*), et par la contraction générale des muscles dans le *tétanos*.

(a) Institut. physiolog.

(b) Précis élém. de physiolog., t. I, p. 1.

(c) Physiol. de l'homme, 2e édit., t. I, p. 8.

Quand nous avons voulu « suivre leurs succes« sions depuis les actes les *plus apparens* jus« qu'aux *actes les plus élevés*, que notre esprit « *puisse apercevoir dans leurs chaînes ;* » nous avons vu qu'il était des bornes que l'explication des phénomènes ne saurait franchir, et contre lesquelles les hypothèses nombreuses des anatomistes, des pathologistes et des médecins naturalistes, devaient se briser comme un verre fragile.

Dans la « détermination du *nombre des prin« cipes d'action* d'après celui des *actes* qui se « rapportent à eux ; » je vous ai rappelé la loi de Newton, qui oblige à admettre autant de *principes d'action* qu'il existe de groupes de *phénomènes divers*, et cette loi est ainsi devenue la base de la division des phénomènes que j'ai ensuite adoptée.

Quant à l'établissement « des lois selon les« quelles *ces agens* (les principes d'action) pro« duisent leurs effets ; » je ne pouvais en parler sans vous faire bien sentir la différence qui existe entre la *nature intime* ou l'*essence d'une cause*, et les *lois* que *cette cause suit dans son action*. Vous avez vu que, quoique les lois qu'elles suivent dans leurs actions nous fussent bien connues, la *vie* et l'*élasticité* nous étaient néanmoins aussi peu connues l'une que l'autre *dans leur essence*.

(4) Les *solides*, les *liquides*, les *fluides aériformes* et les *fluides incoercibles* eux-mêmes, qui

se trouvent dans l'économie animale, ne subissent les lois de la physique pure que quand la *vie* a cessé d'exister (*a*). Avant cette époque tous ces corps sont plus ou moins enchaînés et modifiés par cette cause.

(5) Les valvules des systèmes *sanguin* et *lymphatique*; le mode d'introduction de l'uretère dans la vessie ; les articulations que l'on imite si bien en mécanique ; les milieux réfringens de l'œil ; les dents dont les diverses formes sont appropriées à des fonctions mécaniques différentes, sont autant d'organes qui se trouvent dans cette catégorie.

Si M. MAGENDIE avait assez estimé GALIEN pour se décider à lire le *De usu partium* de cet auteur, il aurait jugé à propos de ne pas dire, en 1825, que «.... les bons esprits *commençaient* « *à entrevoir* qu'il pourrait bien y avoir dans « l'animal vivant *plusieurs ordres de phéno-* « *mènes*... (*b*). »

(6) Utilité des dents artificielles par rapport

(*a*) M. le professeur GOLFIN a développé cette idée dans un Discours essentiellement médical, par lequel il a ouvert son Cours de Thérapeutique à la Faculté de Médecine. On a remarqué principalement, dans cette circonstance, tout ce que ce Professeur a dit sur le desir de simplifier la Médecine et les dangers qui l'accompagnent ; sur la philosophie des causes et sur la *vitalité des humeurs*.

(*b*) Voy. précis élément. de physiolog., t. I, p. 10.

à l'agrément, à la prononciation, au jeu des instrumens à vent, à la mastication et au soutien des lèvres et des joues. — Verres pour la myopie, et la presbytie soit naturelle, soit amenée par l'opération de la cataracte. — Oreilles, nez d'argent peints, remplaçant ces mêmes organes perdus par l'effet de diverses maladies ; ou de supplices propres à certains pays, etc.

(7) L'animal dont l'*instinct* va le plus loin ne paraît pas susceptible de se perfectionner de lui-même : les castors d'aujourd'hui ne bâtissent pas mieux leur demeure que ceux du temps de NOÉ. La nature semble les avoir faits tout ce qu'ils pouvaient être ; tandis que l'homme abandonné dans un désert, s'il pouvait y vivre, ne manquerait jamais de s'y perfectionner.

(8). On sait bien que Pascal, sans cesse contrarié par son père dans le goût très-prononcé qu'il avait pour la Géométrie, trouva de lui-même, inventa pour ainsi dire une seconde fois, jusqu'à la trente-deuxième proposition du premier livre d'Euclide. Ne sait-on pas aussi que, luttant contre la misère, un des plus beaux génies en musique, LE SUEUR, a composé les plus beaux chœurs de *la Caverne*, couché sur le pavé de sa chambre, à la lueur d'un tison qu'il avait besoin de rallumer à chaque instant, et avec une encre qui n'était que de la suie délayée dans de l'eau.....!

(9) Personne ne croit plus aujourd'hui, avec CABANIS, *que le cerveau sécrète la pensée comme le foie sécrète la bile.....:* aussi un auteur qui n'est point suspect lorsqu'il parle en faveur de la Religion, VOLTAIRE, avait il raison de tourner en ridicule la proposition faite par LA METTRIE, *de disséquer des cerveaux de géans pour trouver l'origine de la pensée.*

La coopération du cerveau pendant l'acte de la pensée est évidente dans beaucoup de cas: PELLETAN (1) parle d'une tumeur variqueuse située au haut de la région frontale, communiquant avec le crâne et *augmentant de volume quand le sujet se livrait à l'étude.* Les douleurs de tête, les crampes, les tranchées cérébrales par *contention d'esprit*, semblent même *désigner plus spécialement le siége de l'opération mentale.* Malgré cela, il ne faut pas que le *cerveau* et la *pensée* soient plus confondus l'un avec l'autre, que ne le doivent être le vaisseau ou le bistouri, au moyen desquels il a été fait un voyage ou une opération, avec le pilote ou le chirurgien qui ont tout dirigé.

(10) Trois mille cadavres d'aliénés, ouverts par M. ESQUIROL, n'ont rien présenté de constant: ce qui prouve évidemment que la cause des aliénations mentales, ainsi que celle d'un

(1) Clinique chir., t. II, p. 77.

grand nombre d'autres maladies, tient à une modification de nos principes d'action que l'Anatomie Pathologique n'a pu jusqu'ici nullement découvrir.

(11) 1° *Unité*; 2° *Conscience*, caractère principal de l'âme d'après LOCKE; 3° *Activité*; 4° *Liberté* et *Responsabilité* résultant de ces deux derniers attributs essentiels de l'âme (*a*).

(12) 1° *Sensibilité*; 2° *Force d'attention*; 3° *Conception* dont le résultat est l'*idée*; 4° *Mémoire*; 5° *Entendement* ou *Faculté d'abstraire*; 6° *Jugement*, et 7° *Imagination créatrice* ou *poétique*, qui fort souvent se nuisent l'une à l'autre; 8° *Volonté* (*b*).

(13) Je reconnais bien ces *inclinations* ou *aptitudes originelles* spécifiant les divers esprits, et qui ont pu faire dire *nascuntur poetæ*..... Mais il me semble que l'éducation est toujours indispensable pour qu'on puisse aller loin dans la même direction.

(14) On sait que CÉSAR dictait à la fois trois

(*a*) LORDAT, Cours de Partitions Médicales fait à la Faculté de Médecine. — Il serait à souhaiter que cédant à mes vœux et à ceux de MM. ANGLADA et RIBES, ses collègues, M. LORDAT voulût bien faire imprimer le Cours que je viens de citer. Il est infiniment probable que les Élèves ne seraient point les seuls auxquels cette publication serait utile.

(*b*) LORDAT, Cours de Partitions Médicales.

lettres sur différens sujets ; que PHILIDOR jouant aux échecs, les yeux bandés, pouvait diriger ainsi trois parties en même temps ; que le Prince POTEMKIN retint parfaitement bien tous les détails minutieux d'un long mémoire lu par M. le Comte de SÉGUR (a), quoique, pendant la lecture, ce Prince se fût successivement occupé d'une foule de choses, qui devaient naturellement faire penser qu'il n'y prêtait pas la moindre attention.

(15) Ces divers sujets de Psycologie afférens à la Médecine, ont été ainsi énumérés par M. LORDAT dans son *Cours de partitions médicales.*

(16) La seconde des règles données par NEWTON, pour l'explication des phénomènes, est que : *les phénomènes ou les effets de la Nature, qui sont du même genre, reconnaissent les mêmes causes.* Cette règle doit être la base de toute bonne classification, comme l'ont prouvé des exemples fournis par la Botanique, la Chimie et sur-tout la *Nosologie.*

Le sens du mot *inflammation* bien déterminé, une fois pour toutes, il a été reconnu impossible de rapporter à cet état *seul* les maladies intermittentes, avec ou sans fièvre. — On a vu que l'admission d'*inflammations intermittentes* ne

(a) Mém. ou souvenirs et anecdoctes ; par M. le Comte de SEGUR.

faisait que reculer la question. — Les fièvres des semaines paroxystiques, constamment en rapport avec le type des fièvres intermittentes qu'elles suivent, et les fièvres intermittentes qui ne sont que l'effet de l'habitude, nous ont fait regarder la *périodicité* comme indépendante de toute lésion organique appréciable.

(17) *Ame sensitive* de PYTHAGORE et de PLATON ; *âme*, mais plus souvent *Nature* d'HIPPOCRATE et de GALIEN, sur-tout quand ils parlent de l'idée qu'ils se font de l'essence des maladies, des crises, etc. ; *anima brutorum* de WILLIS ; *archée* de VAN-HELMONT, qui, malgré son langage extraordinaire, est, comme l'a dit BARTHEZ, un des médecins modernes qui fournissent le plus de faits propres à faire distinguer les *phénomènes vitaux de ceux des deux autres classes* ; *præses systematis nervosi* de WEPFER ; *excitabilité* de BROWN ; *esprit d'animation* de DARWIN ; *molécules vivantes* de BUFFON ; *principe vital* de BARTHEZ ; *unité*, *puissance vitale* ou *moi-vital* de la Doctrine médicale de Montpellier.

M. MAGENDIE (*a*) regarde comme *inintelligibles*, les mots *force vitale*, *principe vital*..... On risquerait de juger injustement cet auteur, si l'on oubliait que cette épithète est susceptible de

(*a*) Précis élém. de physiologie, t. I, p. viij.

deux sens, l'un *relatif*, l'autre *absolu*, dont le premier ne prouve rien par rapport à l'autre. Si M. MAGENDIE nous dit qu'il ne *comprend rien à une chose*, nous devons le croire; mais devons-nous en conclure que *beaucoup d'autres n'y comprennent rien non plus ?* Non sans doute, puisque ces derniers ne nous ont pas fait le même aveu. Une raison de plus qui me fait penser que ce mot doit être pris ici dans le sens *relatif*, c'est que, sans cela, M. MAGENDIE aurait pu craindre qu'on ne détournât contre lui l'épigramme suivante, dirigée par J.-J. ROUSSEAU contre le Secrétaire de l'Académie de Berlin: « M. FORMEY, qui ne veut pas enorgueillir ses « semblables, nous donne modestement la mesure « de sa cervelle pour celle de l'entendement hu- « main (*a*). » J'ose être persuadé que l'habile expérimentateur de Paris n'a point été dans l'intention de courir ce risque.

(18) Non-seulement la cause de la vie doit être désignée par un nom qui ne fasse rien préjuger sur sa nature inconnue (BACON); mais encore il faut que ce nom soit *un singulier*, pour bien désigner son *unité*: c'est en cela que pèchent les expressions *esprits animaux* et toutes celles qui lui ressemblent.

(19) Est-on bien sûr de ce qu'on dit quand

(*a*) Émile, liv. I.

on nous présente l'*organisation* comme cause de la *vie*, au lieu de regarder la *vie* comme cause de l'*organisation ?* Dans la formation du cal, de beaucoup de cicatrices et de certaines brides entre des membranes séreuses, ne voit-on pas des sucs s'épancher d'abord et s'organiser ensuite ? Trouve-t-on des traces d'organisation dans la semence? L'organisation proprement dite, n'est-elle pas la même chez un individu vivant et dans un cadavre ?

(20) On est sûr d'éviter ainsi le reproche que pourraient nous faire certaines personnes, de donner au *principe vital, une existence propre, distincte du corps et de l'âme.* Ce reproche a été injustement dirigé contre Barthez. Ce physiologiste a eu tort, sans doute, d'employer presque exclusivement l'expression *principe vital;* mais il a été *mal lu* et *mal compris*, malgré la clarté de tout ce qui concerne ce point (*a*). Barthez avait très-bien senti qu'il fallait se tenir en garde contre le penchant qui nous porte, peu à peu, à réaliser le mot de convention dont nous nous servons, perpétuellement, pour désigner une cause (*b*). Du reste, il n'a aucune prétention sur la propriété de cette expression. Il dit lui-

(*a*) Voy. Nouv. élém. de la sc. de l'homm., t. I, 2e éd., p. 83, 84, 98, 107, 110, et les p. 96, 97 et 100 des notes.

(*b*) Voy. ouv. cit., t. I, notes, p. 12 et 13.

même (*a*) : « Apinus et quelques autres modernes, « *qui ont écrit depuis un siècle*, ont adopté le « nom de *principe vital des animaux*. Gaubius « s'en est servi en plusieurs endroits de sa pa- « thologie, etc. » Enfin, il diffère des *vitalistes* proprement dits, dont il a produit la secte *sans le savoir*, dit-il lui-même, précisément parce que le *principe*, que ceux-ci regardent comme *intermédiaire* entre l'âme et la matière, n'est à ses yeux qu'un *être de raison* (*b*).

(21) L'exécution régulière d'une fonction ne peut être que le résultat, ou d'*un enchaînement mécanique nécessaire*, ou d'*une cause individuelle* qui dirige sans cesse tous nos mouvemens. L'enchaînement varié des divers actes constitutifs des fonctions, selon leur but différent ; le retour *spontané* à la santé ; le *résultat des phénomènes de rédintégration* en rapport avec l'organe perdu, *absolument inconcevables* par un *enchaînement mécanique nécessaire* : doivent faire admettre forcément l'existence réelle de cette *cause individuelle*, qui n'avait été présentée d'abord que comme une supposition propre à fournir une seconde explication. Du reste, beaucoup de médecins qui emploient ces expressions : *tendance de la Nature, forces médicatrices de la*

(*a*) Notes sur le 1er chap., p. 29.
(*b*) Notes sur le troisième chapitre, p. 99.

Nature, admettent cette *individualité*, sans s'en douter.

(22) Excrétions chez les nouveau-nés. — Téter. — Première inspiration. — L'enfant qui vient de naître ignore complètement le rapport qui existe entre ces *divers besoins*, et les *mouvemens simultanés* ou *successifs* qui sont le moyen de les satisfaire.

C'est être dans l'erreur que de croire la première inspiration purement passive. La contraction des bronches, analogue à celle que HALLER avait très-bien reconnue dans des organes dénués de fibres musculaires, tels que le *tissu cellulaire* et les *vaisseaux lymphatiques*; et cette même contraction, rapportée à l'action des fibres des divisions bronchiques, décrites par REISSEISEN (*a*), mais démontrées dans les Cours d'Anatomie de M. NODIN, chirurgien distingué de Toulouse, long-temps avant la publication de l'ouvrage de cet auteur : ne sauraient fournir une explication de cet acte instinctif, dont des médecins de Montpellier pussent être satisfaits. On doit reconnaître ici une *dilatation active*.

(23) Aussi les résultats que l'on peut obtenir sont très-*certains en physique* et fort *incertains en thérapeutique :* ceux-ci ne sont que de vraies

(*a*) FRANCISCI-DANIELIS REISSEISEN, *De fabricâ pulmonum commentatio; Berolini*, 1822, *in-fol.*, *fig. color.*, *p.* 9.

déterminations. De-là, les insuccès des vomitifs, des purgatifs, des vésicatoires, dans beaucoup de circonstances. — De-là, aussi, la différence du mode d'action d'une maladie contagieuse sur diverses personnes. Sur quatre individus qui s'exposent à la syphilis, trois d'entre eux peuvent prendre chacun une des formes différentes de la maladie, tandis que le quatrième n'éprouvera absolument rien (*a*).

L'expulsion de corps étrangers, restés pendant long-temps comme oubliés dans l'économie, se rapporte encore à ce principe. — Efforts médicateurs, crises, réactions tardives ne se manifestant que comme par souvenir. — Vésicatoire ne produisant ses effets ordinaires que vingt ou vingt-cinq jours après qu'on l'avait ôté, parce qu'il n'avait pas voulu prendre. (M. le Professeur DELMAS.)

(24) On a cru devoir ajouter aux autres sens, celui dont parle BUFFON, adopté, mais sous une autre dénomination, par DE ROZOY, dans son poëme sur *les sens* (Londres, 1766); les *sens de la faim* et de la soif (Lamy); un *sens pneumatique* (M. Broussais). Ne pourrais-je pas citer ici le petit Traité de HOTTINGER : *Disputatio stolpiana de sensu honesti; Turici*, 1776, *in*-8°?

(25) Il est aujourd'hui bien prouvé que les

(*a*) Voyez SWÉDIAUR.

parties propres des sens, réduites à une *surface sentante*, peuvent être animées par des nerfs autres que ceux qui s'y rendent ordinairement ; ce qui, en *détruisant la spécialité des nerfs*, jette du jour sur les *transpositions des sens* (*a*).

(26) Excitations nerveuses agréables trop fortes, trop prolongées ou trop répétées ; commotions vénériennes, etc., etc. — Vive douleur amenant l'inflammation si elle persiste, avantageusement combattue, dès le principe, par l'opium, comme GRIMAUD s'en est convaincu dans les pleuro-pneumonies.

(27) Le médecin de Pyrmont a bien reconnu que la *sensation voluptueuse vitale*, causée par des moyens thérapeutiques doux, tels que les bains, avait également le pouvoir d'*exciter* et d'*affaiblir la sensibilité*, en ramenant le *terme moyen qui est l'état normal*, et que conséquemment on pouvait à leur aide, combattre avec succès des maladies nerveuses, soit *sthéniques*, soit *asthéniques* (*b*).

(28) Après avoir rappelé les discussions qui s'étaient élevées entre les Chirurgiens du temps de HALLER et les partisans de ce physiologiste, donnant tort aux uns et aux autres, par cela seul qu'ils étaient *exclusifs*, j'ai présenté les

(*a*) Voyez la note de la p. 31.

(*b*) Voy. De la nature et de l'usage des bains. Paris, 1801, *in*-8°.

parties blanches *comme insensibles dans l'état sain*, mais aussi *comme très-sensibles dans l'état de maladie*. L'erreur de HALLER devrait dessiller les yeux à ceux qui voudraient appliquer à l'*homme malade*, absolument tous les résultats des expériences faites sur les animaux sains.

Les matières médicales où l'appréciation des vertus des médicamens a été établie d'après des expériences faites sur les animaux, peuvent être cause des erreurs les plus funestes. On ne peut procéder ainsi qu'en faisant deux pétitions de principe : 1° on suppose que les *principes d'action*, et par conséquent la manière de sentir, sont les mêmes chez l'homme et chez les animaux ; 2° on applique à l'*homme malade*, les résultats que l'on a obtenus, en agissant avec des médicamens ou des poisons, sur *des animaux sains*.

Le premier vice de raisonnement est palpable: l'homme qui seul a une *âme*, doit sentir bien autrement qu'un animal qui n'en a point.

Je trouve une preuve irréfragable du second dans la *tolérance* qui s'établit pendant les maladies, et que les partisans de RASORI ont si bien constatée relativement à l'émétique, considéré comme contro-stimulant.

(29) La *métasyncrise*, modification subite de la constitution vitale d'*une partie*, que la mort ne suit jamais tant qu'elle est simple, ne diffère

de la *perturbation* que parce que celle-ci est générale, violente et constamment accompagnée d'un grand danger. — Panaris traité par le vésicatoire (*loco affecto*); érysipèle gangréneux traité aussi par le vésicatoire sur la tumeur (M. le Pr Delpech); panaris, brûlure de première espèce traités par l'immersion dans l'eau chaude; maladies syphilitiques guéries par des excitans, ou par un certain degré d'intoxication: *métasyncrises.* — Fièvres intermittentes guéries par un violent accès de colère; ivresse par l'eau-de-vie, guérie d'après l'ordre d'un capitaine de vaisseau, chez des gens de son équipage, au moyen de l'immersion dans l'eau froide: *perturbations.*

Les moyens perturbateurs exigent beaucoup de prudence dans leur emploi, parce que s'ils ne réussissent pas, ils font ordinairement beaucoup de mal.

(30) Épine dans un doigt, ne produisant *chez nous qu'un panaris*, avec gonflement du coude ou de l'aisselle, et des mouvemens convulsifs et un délire légers tout au plus, ce qui est même assez rare; mais déterminant souvent un *tétanos mortel chez les Nègres.* — La disposition aux affections convulsives, qui semble propre aux habitans des pays chauds, se conserve longtemps après qu'ils s'en sont éloignés: un négociant de cette ville perdit un domestique nègre, qu'il avait chez lui depuis plusieurs années, à

l'occasion d'un tétanos causé par une piqûre à l'un de ses doigts.

(31) « Point de sympathies sans nerfs ; voilà « ma profession de foi.... » s'écrie M. Broussais. Mais des organes *insensibles* dans l'état normal, ne peuvent-ils point devenir *sensibles* dans des maladies, et être alors le siége de sympathies plus ou moins vives, plus ou moins étendues ? La maladie créerait-elle alors, dans leurs tissus, des nerfs que le retour de la santé fît disparaître?

D'ailleurs, Bichat lui-même ne reconnaît-il pas que les fluides sont vivans ? « Dire ce « qu'est cette vitalité des fluides, cela est évi- « demment impossible ; mais son existence « n'est pas moins réelle, et le chimiste qui « veut analyser les fluides, n'en a que le ca- « davre, comme l'anatomiste n'a que celui des « solides qu'il veut disséquer » (*a*). Faudra-t-il admettre que le sang, quoique vivant, n'*a aucune sensibilité ?* Continuera-t-on à ne pas voir des *sympathies par le seul intermédiaire du sang*, dans les résultats de l'action de certains poisons, qui tuent trop promptement, pour que des esprits sans prévention puissent se contenter de l'explication par l'absorption *veineuse* (*b*) ?

(*a*) Anatomie générale.

(*b*) Voy. entre autres Magendie, Précis élément. de Physiol, t. II, p. 265 et suiv.

Quoi que l'on ait pu dire contre M. le Professeur RIBES à ce sujet, il n'en est pas moins vrai que la vitalité du sang est évidente.

Si les sympathies dépendaient de la distribution anatomique des nerfs, tout le monde aurait les mêmes sympathies.

Renvoyant à BARTHEZ pour tout ce qui était relatif aux sympathies (*a*), je me suis contenté de citer quelques faits de *sympathies d'organe à organe* : (relation entre le cou et les organes de la génération si connue, qu'il doit suffire de l'indiquer ici) ; et de sympathies d'un organe avec le corps entier : (coup de poing à l'épigastre, ou coup de tête à la manière des Nègres dans le même lieu, causant la mort sur-le-champ ; blessure à la région épigastrique, seulement de quelques lignes de profondeur, produisant instantanément la mort) (*b*).

(32) Une malade accuse-t-elle une douleur violente dans une partie où l'exploration la plus attentive ne vous fait rien découvrir ? Examinez les organes qui sont ordinairement en sympathie avec le point douloureux, et vous y trouverez souvent des altérations. A l'ancien Dépôt de Mendicité, une femme s'était plaint pendant long-temps d'une douleur *aux seins*, sans

(*a*) Nouv. élém. de la sci. de l'hom., chap. IX.

(*b*) KÆMPFER, *Amœnitates exoticæ.*

que cette partie présentât la moindre altération. A sa mort, on vit avec surprise la matrice *dont elle n'avait jamais souffert, presque entièrement dévorée par un cancer.*

(33) Beaucoup de moyens thérapeutiques ont des effets plus marqués, quand on les applique de préférence sur des parties qui sont en sympathie avec les organes souffrans.

Comme les alimens introduits dans l'estomac procurent presque aussitôt un *sentiment de réfection* qu'il ne faut pas confondre avec la *restauration* des forces résultant de l'assimilation du chyle, qui arrive nécessairement plus tard ; de même aussi les médicamens introduits dans l'estomac agissent sur toute l'économie de deux manières : 1° d'abord, par leur impression sur les parois de ce viscère qui est sympathiquement ressentie par tout le corps ; 2° par leur absorption. —Une ou deux cuillerées d'une potion anti-spasmodique calment une douleur, quelque éloignée qu'elle soit de l'estomac. — On a vu le quinquina administré en pilules, contre une fièvre intermittente pernicieuse, arrêter parfaitement les accès, quoique ce médicament eût été rendu peu de temps après son ingestion, ayant absolument le même poids (LORDAT).

(34) On peut définir un phénomène *per transitum*, le transport, d'un lieu dans un autre, des symptômes par lesquels se manifeste une af-

fection.—Douleurs rhumatismales, céphalalgie, palpitations à la région épigastrique, douleurs comme calculeuses à la vessie ; se substituant les unes aux autres. — Convulsions des extrémités inférieures et supérieures, se suppléant, à l'occasion de l'immobilité forcée des unes ou des autres ; et syncope, lorsqu'on s'assurait à la fois des quatre membres (*a*). — J'ai vu chez une de mes malades, M. D***, un spasme tonique musculaire, parcourant successivement plusieurs parties, telles que le pied, la jambe, les doigts, l'avant-bras, l'épaule, où il restait sur chacune d'elles, 10, 12, 15 jours. Des convulsions générales venaient le plus souvent dissiper ces spasmes partiels.

(35) L'*irritabilité*, de HALLER, suppose l'*action d'un stimulus* et des *réactions continuelles*. La *contractilité*, de Bichat, ferait penser que l'on doit rapporter toujours les mouvemens à des *contractions*, et jamais à des *dilatations actives* : ce qui est une erreur. La *myotilité*, de CHAUSSIER, désigne les muscles comme les *seuls organes susceptibles de se contracter* ; et l'on a vu que HALLER lui-même avait reconnu le contraire.

(36) Coupez le sterno-mastoïdien d'un côté ; l'autre se contracte et tire la tête vers lui.

(*a*) Observées chez un Élève en Médecine, par MM. les Prof. LORDAT et ANGLADA.

C'est parce qu'il avait reconnu l'énergie de cette contraction involontaire, que VERDUIN (a) recommandait de faire de grands lambeaux, dans les amputations pratiquées d'après la méthode qui porte son nom, mais qui, suivant une lettre insérée par JACOB YONGE, dans son Traité *de curru triumphali è terebenthinâ*, publié en 1679, appartiendrait à un chirurgien anglais nommé LOWDHAM (b). — La méthode pour les amputations, proposée par VALENTIN, est vicieuse, parce que, comme Pouteau l'a très-bien vu (c), la force de cette *contraction involontaire* a été mal appréciée. — C'est encore à l'effet de *la contraction involontaire* sur les muscles gastrocnémiens, chez les personnes qui portaient depuis long-temps des souliers à talon, que doit être attribuée l'impossibilité de porter des souliers plats, lorsque la mode vint à changer.

(37) BICHAT n'a pas été heureux dans l'explication qu'il a donnée de l'abaissement de la paupière pendant le sommeil. Ayant senti que le nombre et la direction des fibres ne pouvaient point rendre raison du phénomène, il a eu

(a) De l'amputation à lambeau, ou nouvelle méthode d'amputer les membres; trad. par P. MASSUET, Amsterd. et Berl. 1756, in-8°, fig., p. 32.

(b) Voy. Éloi, Dict. de méd.

(c) Œuv. posth., t. II.

recours à la *pesanteur de la paupière* : c'est supposer *que l'on dort debout*, car, dans le *decubitus supinus*, la paupière supérieure ne peut couvrir le globe de l'œil par l'effet de son poids. Il est évident que l'occlusion des yeux pendant le sommeil, dépend d'un *surcroît de vie* dans la portion palpébrale du muscle orbiculaire : à mesure que les forces s'affaiblissent chez les mourans, les yeux ne se ferment qu'avec peine ; et l'on sait qu'ils sont à *demi-ouverts sur le cadavre*. Ne doit-on pas reconnaître que le releveur de la paupière et la portion de l'orbiculaire qui est son antagoniste, à peu près de force égale, se sont mis en équilibre, du moment que la vie qui était en surcroît dans l'orbiculaire a complètement cessé ?

(38) On a remarqué que les mouvemens produits par des irritations étaient d'autant plus intenses, que les sujets étaient eux-mêmes plus faibles : les femmes, les enfans, les gens affaiblis par des excès ou des maladies longues, sont plus irritables que les autres. — Des muscles incapables de contraction volontaire ont pu présenter des *phénomènes d'irritation* par l'effet d'un vésicatoire appliqué sur eux.

Il est des circonstances physiologiques dans lesquelles les stimulans sont sans effet : telles que 1° la tension d'un muscle par son antagoniste

(Bichat) ; 2° la contraction volontaire du muscle dans l'instant où on l'irrite (*Id.*) : souvent il a fallu tuer l'animal ou bien couper les nerfs qui se rendaient au muscle soumis à l'expérience ; ou bien même détacher complètement ce muscle du corps, pour que les phénomènes d'irritation pussent être produits ; 3° M. Lordat a fait remarquer, chez un homme dont un ulcère avait mis à découvert les muscles de l'œil, que ces organes irrités, même dans l'état de relâchement, ne se contractaient pas toujours. — Long-temps auparavant, Harvey avait irrité même le cœur d'un homme chez qui cet organe était à découvert, sans produire la plus légère douleur.

Certains phénomènes d'irritabilité sont connus de tout le monde : mouvemens convulsifs des guillotinés ; convulsions d'une foule d'animaux mutilés ; fuite des canards décollés ; etc.

Le desir de trouver, dans la constitution matérielle de nos organes, la *raison suffisante* de tous les phénomènes que présente le corps vivant, a fait martyriser une foule d'animaux, pour tâcher de connaître les rapports qui existent, ou qu'on a cru exister, entre les divers mouvemens et l'intégrité des différentes parties de l'encéphale dont on pensait que ces mouvemens pouvaient dépendre. Il en est résulté une foule d'expériences contradictoires, qui font que souvent on ne sait trop à quoi s'en tenir (*a*). J'aimerais fort cependant qu'un physiologiste de notre époque voulût bien nous dire, *quelles sont les parties de l'encéphale, dont l'intégrité influe sur le mouvement musculaire, chez un canard faisant deux ou trois fois le tour d'une cour assez étendue, après avoir eu la tête tranchée?*

Le poison de la vipère détruit l'irritabilité musculaire et produit quelquefois une sorte de jaunisse (*b*).

(39) Avec sa définition : *Enarratio motuum internorum et externorum*, ce Physiologiste n'a pas dû voir la nécessité de s'occuper des principes d'action. Il est aisé de sentir que, d'après cette définition vicieuse, la Physiologie serait réduite à un simple historique, ce qui ne peut pas être.

(*a*) « L'opinion qui place, dans les lobes cérébraux, le « siége *spécial* de la sensibilité et de la volonté, et dans le « cervelet, la faculté régulatrice des mouvemens, déduite « en premier lieu d'expériences sur les animaux, trouve « en grande partie sa réfutation dans ces expériences « mêmes. (MM. DESMOULINS et MAGENDIE, *Anatomie et* « *physiologie du système nerveux*, t. I, p. 101 et 586. Voy. « encore la page 182, où il est dit que le cervelet manque « dans les lamproies et les esturgeons.) » De l'Anatomie Pathologique, considérée dans ses vrais rapports avec la science des maladies, par M. le Professeur RIBES ; Paris, 1828, pag. 48.

(*b*) FONTANA, Traité sur le poison de la vipère, etc., t. I, p. 66-67.

(40) Pour qu'un muscle puisse se contracter d'une manière convenable, selon notre volonté, il doit être, 1° entier ; 2° lié avec le cerveau et le cœur ; 3° libre.

Quand BAGLIVI nous dit que les ligatures *empêchent les muscles de se contracter,* il parle des *ligatures très-serrées et pressant également tous les points d'un muscle ;* les autres ligatures *irritent* au contraire les *muscles*, et les *font contracter avec plus de violence :* il n'est pas de chirurgien qui ne l'ait remarqué dans la réduction des luxations et des fractures, lorsque les lacs extenseurs et contre-extenseurs étaient mal-à-propos fort rapprochés du point fracturé ou de l'articulation luxée.

(41) Il est des personnes qui ne peuvent parler et se mouvoir que comme les *tardigrades* marchent : avec beaucoup de lenteur. Cet état, quelquefois purement physiologique, est plus souvent le résultat d'une maladie.

(42) La *célérité* des mouvemens musculaires paraît être sans bornes, ainsi que leur *lenteur.*

Dans le *bredouillement,* on parle vite malgré soi : les muscles de la parole, qui, dans les cas indiqués plus haut, paraissent avoir une *roideur tétanique*, sembleraient plutôt ici en *convulsion.* Voyez dans SAUVAGES (*a*) ce qui concerne le

(*a*) Nosol. méth., t. I, p. 592.

scelotyrbe festinans, et la singulière variété de cette maladie qui ne permettait de se dévier ni *à droite* ni *à gauche*.

Dans un mémoire plein d'intérêt sur le traitement du *bégaiement*, lu en dernier lieu à la Société de Médecine-pratique, M. SERRE, d'Uzès, regarde avec raison comme une espèce de *danse de St.-Guy*, l'état convulsif de la langue et des muscles, dont ce vice de prononciation est l'effet. M. SERRE n'aurait pas mal fait de citer M. LORDAT dans cette circonstance. Les idées de ce Professeur sur ce sujet, reproduites dans ses Cours à plusieurs époques, avaient été déjà consignées, en 1807, dans une bonne Thèse, ayant pour titre : *Essai sur les maladies par instabilité d'énergie, par* J.-B. LAVAL, un de ses élèves.

On sait que quelques poissons, comme le *saumon*, remontent des fleuves rapides, et ce qui est bien plus étonnant, des cataractes très-élevées.

WINSLOW a dit le premier, que les muscles étaient *actifs* dans la *contraction* et le *relâchement*; néanmoins ce dernier peut être quelquefois aussi *passif*: (avant-bras tombant par son propre poids, lorsque le biceps préalablement contracté cesse d'agir tout d'un coup.)

(43) Cette modification de l'état des muscles s'unissant à la *contraction volontaire*, augmente singulièrement la résistance de ces organes.

La force des muscles, beaucoup mieux appré-

cice depuis BORELLI, avait été déjà remarquée lorsque l'on écartelait les criminels de lèze-majesté. FERNEL observe que, lors du supplice de l'individu qui avait voulu assassiner le Dauphin, fils de FRANÇOIS Ier, les quatre chevaux ne purent marcher que lorsque le bourreau eut commencé à diviser les bras et les cuisses. Cette circonstance s'est plusieurs fois reproduite (*a*).

Pour ce qui concerne l'existence de la force de situation fixe, voyez BARTHEZ (*b*) qu'il faudrait reproduire ici. Ce Physiologiste est bien loin d'avoir été victorieusement réfuté jusqu'à ce jour.

(44) Ces divers états des muscles sont en effet analysés dans un bon nombre de maladies.

1° Dans la danse de St.-Guy, la *contraction* et l'*extension volontaires* des muscles sont *conservées*, mais on n'est pas maître d'arrêter ces mouvemens à tel ou tel degré.

2° Les *mouvemens d'irritation* sont les seuls

(*a*) Voy. dans les *Singularités historiques* de DULAURE (Paris, 1825, in-8°, fig.), le supplice de JACQUES CLÉMENT, d'après un tableau du cabinet du Roi.

(*b*) Nouv. élém. de la sc. de l'homm. — Voyez aussi : Exposition de la Doctrine médicale de P.-J. BARTHEZ, par M. LORDAT; Montpellier, 1818, *in*-8°. « Un des plus « beaux dogmes dont BARTHEZ ait enrichi la partie de « la Physiologie relative aux forces motrices, c'est celui « de la force de *situation fixe.* » P. 158.

que le corps des animaux présente plus ou moins de temps après la mort : un muscle entièrement séparé du corps vivant auquel il appartenait, se trouve dans la même catégorie. Les phénomènes d'irritabilité prennent tantôt la forme d'une synergie acquise (fuite du canard sans tête) ; tantôt celle de la dernière maladie à laquelle l'individu a succombé : De Haen a vu l'état tétanique persister *même cinquante heures après la mort.* Prochaska a vu des faits de ce genre, mais il les explique fort mal, *par la coagulation des humeurs.*

3° A l'occasion de la paralysie des muscles d'un côté du corps, la *contraction involontaire* s'empare de leurs antagonistes.

4° Dans la catalepsie, qui permet aux individus qu'elle atteint de garder la position dans laquelle on les met, les attitudes qu'on leur donne, etc. ; la *force de situation fixe* est la seule susceptible d'agir. — On doit voir dans la crampe un concours de la *contraction involontaire* et de la *force de situation fixe* qui vient l'arrêter de temps en temps, et non une déchirure des fibres musculaires, comme le croit M. Richerand. « Lorsqu'on contracte les muscles dans une position « fausse ou vicieuse, dit cet auteur, quelques « fibrilles se déchirent, et de-là naissent la plu- « part de ces douleurs instantanées, souvent « très-vives, que l'on connaît sous le nom de *crampes* (*a*). » C'est une erreur. Dans le choléra-morbus, les crampes peuvent-elles être rapportées à cette cause? — La *force de situation fixe* agissant seule rend le tissu des muscles facile à se déchirer; tandis que marchant de concert avec la *contraction volontaire*, les tendons et les os cèdent alors plutôt que ces organes.

(45) Avec l'espèce de fumier obtenu *in vitro*, et qu'il plaisait à SPALLANZANI d'appeler du *chyme*, a-t-on jamais pu composer ce fluide rutilant que BORDEU a si heureusement nommé une *chair coulante*? Quand une bouteille remplace l'estomac, *plus de chimie vivante*: des substances alimentaires, ainsi putréfiées, ne sont pas plus du *chyme*, que la *bouteille* dans laquelle on les obtient n'est elle-même un *estomac*.

(46) La ténuité extrême des vaisseaux, portant le sang artériel dans toutes nos parties, ne saurait être regardée comme une *explication* de cet acte: elle ne peut, tout au plus, que le favoriser.

(47) Les gens de lettres, et la plupart des hommes dont les travaux exigent une contention d'esprit forte et habituelle, ont souvent les voies digestives en mauvais état. On a aussi observé, sur-tout depuis quelques années, qu'aux distributions de prix dans les colléges, les élèves le

(*a*) RICHERAND, Nouv. élém. de physiol., t. II, p. 146.

plus souvent couronnés, étaient ceux de leurs classes dont le corps était le moins développé. Des études commencées de trop bonne heure n'auraient-elles pas nui, chez eux, à l'accroissement?

La nourriture des *athlètes*, chez les anciens, était légère, facile à digérer, et incapable par cela même de déplacer les forces qu'ils voulaient concentrer sur le système musculaire. Le développement des muscles était l'objet de tous leurs soins ; aussi leurs fonctions intellectuelles étaient presque nulles : PLATON dit que, *quand bien même on l'eût voulu, il aurait été impossible d'être aussi stupides qu'eux.*

Il est presque inutile de dire que le principe ici désigné, est celui qui concerne ce que BARTHEZ a appelé *distraction des forces du principe vital.*

(48) DE ROCHEFORT (*a*) dit avoir trouvé un fruit, le *junipa* ou *genipa*, qui teignait en beau violet la chair des perroquets et des pourceaux, dont il faisait les délices. Ce fait, le seul de ce genre que je connaisse, prouve d'une manière directe que la nutrition se fait dans les muscles, comme la garance avait appris qu'elle s'opérait dans les os.

(49) Du défaut de proportion entre la *décom-*

(*a*) Histoire naturelle et morale des îles Antilles de l'Amérique; Roterd., 1658, *in*-4°, figur., p. 52.

position et la *recomposition* habituelle du corps, et de l'état stationnaire de ces deux actes, résultent : 1° l'*obésité*, la *polysarcie*, la *diathèse osseuse* ; 2° l'*amaigrissement*, l'*éthisie*, le *marasme* ; et 3° l'*inedia* (*a*), maladie dans laquelle le corps, n'éprouvant aucune perte, n'a aucun besoin de réparation.

L'hibernement de certains animaux me paraît différer de l'*inedia*, en ce que ces animaux ont la précaution d'introduire dans leur estomac des corps plus ou moins indigestes, qui entretiennent un certain degré d'excitation dans cet organe ; et que d'ailleurs ils sont fort maigres quand ils sortent de leurs retraites : ils semblent s'être vraiment nourris de leur graisse.

M. LORDAT regarde comme des espèces d'*épanchoires* (*diverticula*), par rapport au système

(*a*) *Vid.* LANGII, *lib.* 2, *epist.* 27 ; FABRICII HILDANI, *cent.* 2, *obs.* 40, 42, *etc.* ; *cent.* 3, *obs.* 85 ; *cent.* 5, *obs.* 33 ; CASPARI A REJES, *Elys. jucundar. quæstion. camp.*, *etc.*, *Bruxell.* 1661, *in-fol.*, *quæst.* 58. M. LORDAT a vu, il y a environ quinze ans, conjointement avec le Prof[r] BAUMES, une demoiselle de Narbonne, atteinte d'*inedia*, qui, pendant quatre mois entiers, n'introduisit pas le moindre aliment dans son estomac. Cette demoiselle, qui vit encore, a constamment joui depuis d'une bonne santé. Tous les raisonnemens de WELSCH peuvent-ils résister un seul instant à des faits positifs, observés par des gens d'un mérite reconnu, et qui, de plus, sont incapables de mentir.

sanguin, plusieurs organes dont les fonctions étaient inconnues, tels que la *glande thyroïde*, le *thymus*, les *capsules surrénales*, la *rate*, les *réseaux veineux du testicule et du col de la vessie.* Ces idées, développées depuis long-temps dans ses Cours de Physiologie ; propagées un peu partout par ses nombreux élèves, et qu'un homme à grande réputation a données, en dernier lieu, comme de lui : trouvent une nouvelle force dans une observation importante sur les animaux hibernans, consignée par M. BROUSSONNET, fils, dans sa thèse de concours pour l'agrégation : « *Apud animantia hibernantia, thymus glan-* « *dulaque thyroïdea* magnoperè intumescunt « *tempore hibernationis, et quoddam diverticu-* « *lum præstant* (*a*). »

(50) Cette force conservatrice de la constitution chimique du corps semble avoir existé, *toute seule*, chez les individus qui ont paru morts pendant un bon nombre de jours, sans que la *putréfaction* se fût manifestée d'une manière évidente (*b*).

(*a*) *De anatomiæ comparativæ utilitate in Medicinâ? Quousque observationes circà organa digestionis apud animalia inserviant ad Physiologiam, Pathologiamque digestionis in corpore humano ritè cognoscendas?* Pag. 3.

(*b*) Voy. dans la Dissert. de WINSLOW, *sur l'incertitude des signes de la mort, et l'abus des embaumemens et enterremens précipités*, traduite et commentée par BRUHIER (Paris,

C'est une erreur de croire que le froid et le chaud agissent sur les *corps vivans* comme sur les corps *inorganiques*. Un individu, transporté successivement dans des températures très-basses et très-élevées, pourra bien se refroidir et s'échauffer de quelques degrés, sur-tout dans ses extrémités, suivant les lois communes aux corps inorganiques ; mais ces changemens de température du corps humain ne sont nullement en rapport avec les excès de chaud et de froid que la vie le met à même de supporter. La température du corps humain est, à très-peu de chose près, la même sous la zone torride et dans la Sibérie : ne faut-il pas reconnaître, dans la cause de la vie, un pouvoir d'engendrer du froid et du chaud, selon le besoin ?

En regardant la transpiration très-abondante des corps vivans, dans une température fort élevée, comme une vaporisation extérieure produisant la réfrigération, on est loin de se rendre raison de tous les faits. Nous expliquera-t-on par-là comment des poissons vivent, croissent

1742, *in*-12), un grand nombre de faits prouvant que des personnes qu'on avait cru mortes, étant restées dans un état de mort apparente pendant un bon nombre de jours, mais *sans se putréfier*, ont pu recouvrer, avec la santé, l'usage de toutes leurs fonctions, dans les cas où on n'a pas commis l'imprudence criminelle de les enterrer vivantes, comme malheureusement on ne l'a fait que trop souvent.

et se reproduisent dans des eaux chaudes, qu'ils n'habitent pas ordinairement (*a*) ?

Le corps humain vivant a donc des lois qui lui sont propres ; il se gouverne par lui-même : c'est ce pouvoir que les anciens appelaient *autonomie*.

(51) Dans ces maladies, à la suite de douze ou quinze heures d'une fièvre très-forte, il se manifeste sur un point de l'économie une escarre ayant l'aspect d'un morceau de charbon. Dans le *charbon bénin*, bien décrit par le professeur BOYER, et que j'ai vu quatre fois chez la même personne, on voit aussi des escarres, sans que, dans plusieurs cas, la fièvre soit préalablement survenue.

La potasse caustique est loin d'agir avec la même intensité ; d'ailleurs, on sait bien que son action ne consiste qu'en une impression fâcheuse pour la *cause de la vie*, qui détermine cette dernière à abandonner promptement les parties en contact avec le caustique. La cause de la vie qui sert ici d'intermédiaire, n'a recours aux escarres, que comme à une sorte de rempart derrière lequel elle se retranche. On serait dans l'erreur, si l'on regardait ce phénomène comme un effet purement chimique : cela est si vrai, que la potasse caustique, appliquée à un cadavre, ne

(*a*) Lettres sur l'Islande, par DE TROIL, traduites par LINDBLOM ; Paris, 1781, *in*-8°, fig.

produit rien de semblable à ce qui se passe chez le vivant.

(52) Plus d'une fois, à l'occasion de ce phénomène, on a condamné à mort des individus regardés injustement comme auteurs d'un crime qu'ils n'avaient point commis. Un homme de Reims, accusé d'avoir brûlé sa femme, aurait infailliblement péri, si des Docteurs consultés à ce sujet n'avaient reconnu une *combustion humaine spontanée* (*a*). Dans d'autres circonstances, on a été moins heureux : VIGNÉ (*b*) nous apprend que l'infortuné MILLET fut condamné à mort et exécuté, comme ayant assassiné sa femme, qui n'avait péri néanmoins que par l'effet d'une combustion *humaine spontanée* (*c*) !

(53) Les individus âgés, gras ; ceux qui s'adonnent aux liqueurs spiritueuses ; les femmes, sont les sujets le plus exposés à ce genre de combustion. Quand la disposition existe, la présence d'un corps en ignition, une étincelle électrique produite par un frottement même léger, sur-tout en hiver, suffisent pour déterminer un incendie fort difficile à éteindre. — BIANCHINI rapporte que la Comtesse CORNÉLIA BANDI, qui périt

(*a*) Journ. de Méd., Chir. et Pharm. Jan. et Fév. 1793.

(*b*) Médecine légale, p. 148.

(*c*) Voy. ORFILA, Leçons de Médecine légale, t. I, p. 729.

de cette manière, avait contracté l'habitude de prendre des *bains d'alcool camphré*. Mais toutes ces causes, et quelques autres qu'on pourrait encore énumérer à leur suite, ne sont que des causes *prédisposantes* ou *déterminantes*, qui sont incapables de produire par elles seules le phénomène dont il s'agit, comme le peut uniquement la vraie *cause efficiente*.

(54) On doit reconnaître que la cause de la vie est aussi *active dans cette destruction*, que *dans sa résistance à des températures très-éloignées l'une de l'autre*. La combustion est si rapide, que presque toujours les secours arrivent trop tard. Il est très-difficile, néanmoins, de réduire complètement un cadavre en cendres : la description des funérailles de PATROCLE, dans HOMÈRE ; celle de la fin tragique de l'infortunée DIDON, dans VIRGILE ; et celles de la punition de certains crimes par le feu, dans des temps plus rapprochés de nous, même dans notre patrie : prouvent assez qu'il fallait employer, pour cet effet, une quantité de bois très-considérable. Aussi MONTFAUCON (*a*) remarque-t-il que l'on trouve presque toujours beaucoup de fragmens d'os, mêlés à des cendres, dans les urnes cinéraires, qui, probablement à cause de cela, étaient appelées *ossaria*. J'ai vu, entre les

(*a*) Antiquité expliquée, etc.

mains du Directeur actuel du Dépôt de Mendicité de Bordeaux, une urne cinéraire, trouvée dans les environs de cette ville, qui pourrait servir de nouvelle preuve à l'assertion de MONTFAUCON.

(55) Il est beaucoup d'exemples d'accumulations ou de combinaisons de corps qui s'enflamment spontanément, comme l'ont fait assez souvent les vieilles hardes, le coton, les fourrages, etc.

KOPP (*a*) nous apprend que du *noir de fumée* et de l'*huile de chenevis*, qui s'enflammèrent à Saint-Pétersbourg, vingt-quatre heures après leur mélange, faillirent incendier toute la ville. M. KÉRAUDREN croit que plusieurs des incendies du port de Brest ont eu des causes analogues.

La cause de la vie ne peut-elle pas combiner l'hydrogène, qui est si abondant dans notre économie, avec le calorique, le carbone, le soufre et le phosphore, et former ainsi une foule de corps éminemment combustibles dans l'intérieur de nos tissus? Ces idées rendraient plus facile l'explication de certains faits analogues à ceux qui suivent. Plusieurs auteurs parlent d'*éructations enflammées*. Dans les Mémoires de l'Académie royale des sciences (année 1751),

(*a*) Dans sa Monographie allemande sur ce sujet, publiée à Francfort-sur-le-Mein, en 1811.

il est question d'un boucher qui vit une grande flamme sortir d'un bœuf au moment où il l'ouvrait. **Morton** a vu aussi une flamme sortir de dessous la peau d'un cochon au moment de l'incision.

Ne sait-on pas que l'hydrogène phosphoré s'allume par son seul contact avec l'air atmosphérique (*a*)?

(56) **Brydone** parle d'une femme qui en se peignant tirait des étincelles de ses cheveux. Un Sénateur des États-Unis, étant à Washington, et se déshabillant dans l'obscurité, remarqua beaucoup d'étincelles autour de ses jambes, lorsqu'il posait des bas faits de soie et de laine. On sait que cet état idio-électrique est renforcé par la froideur de l'atmosphère.

(57) Puisque dans la Sibérie, par un froid de 40°—0, la température du corps humain est toujours de 30°+0 (Réaumur) : il faut que la cause de la vie puisse engendrer, au besoin, 70° de chaleur. Ce pouvoir qu'elle a dans l'état sain, suffit pour donner une idée de ce dont elle est capable *dans l'état pathologique*. Aussi je croirais que la cause de la vie a en elle-même le pouvoir de détruire le corps qui lui est entièrement sou-

(*a*) Pourvu qu'il ne soit pas trop chargé de phosphore. Voyez le Mémoire de M. H. Rose, Annal. de Chim. et de Phys., 1827.

mis, par une *combustion spontanée*, dans *toute la rigueur de l'expression*, c'est-à-dire, *sans causes ni prédisposantes, ni déterminantes.*

(58) Pour être susceptibles de se nourrir et de se développer, il importait que toutes nos parties eussent un certain degré de sensibilité : aussi MM. Prévost et Dumas ont reconnu, que, comme on l'avait déjà dit, l'organe le plus tôt formé était, non le cœur, mais la *moelle épinière.* Il est même infiniment probable que la semence jouit d'un certain degré de sensibilité, avant que des nerfs s'y soient développés.

C'est aussi en raison de leur utilité qu'un bon nombre d'autres parties, telles que les *yeux*, les *oreilles*, les *condyles de la mâchoire* (par rapport aux bâillemens), les *diaphyses des os longs* : sont les premières qui se développent après la moelle.

(59) Je citerai comme exemple de vice de conformation primitive, l'espèce de nain qui n'avait à la place de ses quatre membres, que deux pieds et deux mains attachés au bassin et aux omoplates. Cette monstruosité que j'ai vue dans une édition du *Tableau de l'amour conjugal*, de Venette, a été reproduite dans le traité des monstres de Moreau-de-la-Sarthe.

Quant à la prédominance d'un côté sur l'autre, elle est loin de pouvoir toujours être rapportée à l'habitude : M. le Professeur Delpech regarde comme infiniment probable que, primitivement, l'un des deux faisceaux qui constituent la moelle est plus fort que l'autre. Une dame *gauchère*, qui jouait fort bien du violon, n'a jamais pu parvenir à jouer du bras droit, quelques efforts qu'elle ait faits pour cela.

C'est le côté droit qui est ordinairement le plus fort. Les animaux eux-mêmes partent du pied droit. Ceux qui blâmèrent BOUCHARDON d'avoir mis en l'air le *pied gauche* du cheval de la belle statue de LOUIS XV, ne sentaient pas que cette attitude était précisément une beauté. COCHIN leur a fait une réponse ingénieuse et sans réplique, en leur disant qu'*ils ne sont arrivés que quand il était parti.*

Les os du côté droit sont plus pesans que ceux du côté gauche, d'après RIOLAN.

CAMPER dit avoir remarqué que les hernies du côté gauche étaient plus fréquentes.

D'après LE POIS, LIEUTAUD et LUDWIG, le rein gauche serait plus souvent calculeux que le droit.

Enfin, POUTEAU nous assure que, sur dix ulcères, il y en a sept du côté gauche.

(60) L'accroissement se faisant en quelque sorte par bonds, à 2, 4, 7, 14, 21, et même à 25 ans ; on ne saurait le rapporter à l'action du cœur. Les femmes ont en général les mouvemens du cœur plus forts, leurs tissus plus

lâches ; et cependant leur développement est moindre que celui des hommes.

L'homme est quelquefois susceptible d'accroissement, quoiqu'il manque de nourriture. Le Ch. d'IGBY et CHAUSSIER avaient vu des vipères privées de nourriture s'accroître sensiblement; mais POUTEAU a observé qu'une demoiselle atteinte d'*inedia*, avait crû de deux pouces dans dix-huit mois, pendant lesquels elle n'avait pris que du sirop de capillaire.

CITOIS, médecin du Cardinal de RICHELIEU, dit qu'une fille atteinte tout à la fois d'*inedia* et d'*osteomalaxie*, grandit d'un pouce dans deux ans. J'ai vu moi-même un accroissement de plusieurs pouces, pendant la seule durée d'une fièvre maligne qui fut mortelle.

Il est question dans les Mémoires de l'Académie royale des sciences, d'un enfant qui avait six pieds moins un pouce à cinq ans ; et six pieds à six ans. Il avait de la barbe, et soulevait un poids de 150 livres.

Dira-t-on, d'après cela, que l'accroissement doit toujours être rapporté à la quantité de nourriture et à l'âge ?

(61) On a remarqué que certaines personnes ne ressemblaient à leurs père ou grand-père, que quand l'accroissement était terminé. Ne semble-t-il pas que, dans ces circonstances, la nature travaille à une ressemblance, comme un peintre

travaille à un portrait? Ils ont l'une et l'autre leur modèle, mais leur ouvrage n'est ressemblant que quand il est fini.

C'est encore à la force plastique que doit être rapportée la conservation des formes de certaines parties, malgré l'embonpoint excessif de tout le reste du corps. Dans l'état physiologique, le tissu cellulaire des organes de la *génération* et des *paupières* n'est jamais graisseux : on sent combien les fonctions de ces parties auraient été gênées, si l'embonpoint s'était distribué d'une manière égale.

(62) Il existe entre les pieds et les mains, ainsi qu'entre les articulations du pied et du poignet, du genou et des coudes, des rapports de forme qui n'avaient pu échapper au génie observateur de NOVERRE (*a*).

Quant au rapport du développement des pieds et des mains avec la taille que l'on doit acquérir un jour, il est si connu qu'il n'est peut-être personne qui l'ignore.

(63) Chez les animaux des classes inférieures sur-tout, des organes même composés se régénèrent facilement. SPALLANZANI a vu des têtes de limaçons se régénérer. Si l'on adoptait le *système de l'évolution* pour la génération des

(*a*) Voy. Lettres sur les arts imitateurs et sur la danse en particulier, Paris 1807, 2 vol. in-8°.

animaux, on devrait aussi admettre l'existence d'*organes de rechange....!*—Pour ce qui concerne la régénération de nos divers tissus, voyez ma Thèse doctorale (*a*) où se trouvent des exemples de régénérations dans des cicatrices et des cals; ainsi que des preuves bien constatées de régénérations de portions d'os articulaires, et même d'os entiers.

Le fait de JAMIESON (*b*) sur la régénération du gland chez l'homme, ne m'a pas semblé propre à convaincre. Le rétablissement des fonctions de l'organe, sous le rapport des deux sécrétions principales, ne prouve absolument rien dans ce cas. Un homme de 60 ans, à qui j'avais fait l'amputation de la verge près du pubis, s'aperçut deux ans après, que, malgré son âge et malgré l'opération, ces deux fonctions n'étaient pour lui nullement altérées.

(64) Des faits bien constatés prouvent que des parties complètement détachées du corps humain, sont encore susceptibles de s'y réunir.

L'excellent mémoire de PERCY, sur cette question : *Une partie vivante ayant été entièrement séparée du système animal, est-elle sus-*

(*a*) Ayant pour titre : *Considérations physiologiques et pathologiques sur* LE CAL. Montp., 1817, in-4°, § III.

(*b*) Essais et observations de Médec. d'Édimb., t. V, p. 556.

ceptible de s'y réunir? (*a*) ; les opérations de rhinoplastie, si heureusement pratiquées par MM. Carpue, Græfe, Delpech, Lisfranc, etc. ; et celles de cheiloplastie faites avec tant de succès par MM. Lallemand, Delpech, Textor, etc., (*b*) : doivent être regardées comme des espèces d'échelons conduisant vers l'admission de cette vérité. On savait depuis long-temps que des parties *presque entièrement détachées* pouvaient très-bien se réunir ; mais les faits recueillis dans le Mémoire de Percy, et l'observation de M. Lespagnol, dont il est fait mention dans les Bulletins de l'Athénée de Médecine de Paris (*c*), sont des preuves irréfragables de la réunion de parties *entièrement détachées*. Fauchard et Hunter ont vu reprendre deux dents implantées dans leurs alvéoles immédiatement après leur avulsion (*d*).

(65) Fauchard et Hunter ont vu participer à la vie, même des dents étrangères transplantées. — Hunter et Astley Cooper ont implanté des dents sur des crêtes de coq, où elles ont très-bien pris. Le dernier a même convaincu de la vérité de ce fait John Bell, comme on peut le

(*a*) Journ. de Méd., Chir. et Pharm. milit., t. I, p. 85.

(*b*) Voy. Journ. des progrès, etc., t. XIV, p. 247.

(*c*) Mai 1817, p. 198.

(*d*) Voy. le Chirurgien dentiste. Paris 1786, 2 vol. *in*-12 ; et l'Encyclop. méthod. (Chirurgie, art. *Dents*).

voir dans la troisième édition de son Traité des plaies. — Le Prof. FAGES nous a eu cité un cas de syphilis constitutionnelle, causée par une transplantation de ce genre, qui fit les plus grands ravages.

A la suite du traitement d'une fracture singulière de la mâchoire inférieure, CARPUE dit avoir trouvé dans une tumeur qui vint à la langue, *une dent qui s'y était greffée.* « M. CARPUE « cite aussi une lettre d'un de ses amis et élèves, « M. SAWREY, qui lui parle d'un Suédois, ac- « tuellement à Londres, lequel lui a affirmé « avoir dans sa jeunesse fait avec un de ses amis « d'enfance, comme un souvenir d'une affec- « tion inaltérable, l'échange d'un morceau de « peau de leurs bras (*a*). » — Si GARENGEOT vivait encore, il pourrait bien rire à son tour de ceux qui se sont tant moqués de lui !

Pour tout ce qui concerne les *articulations anormales* qui se forment quelquefois à la suite de la non-consolidation des fractures, voyez le Mémoire, avec figures, que j'ai publié sur ce sujet, en 1819, dans le Journal complémentaire du Dictionnaire des sciences médicales. Je ne sache pas qu'avant cette époque, on connût sur ce point autre chose que des observations éparses. Je reproduirai ce travail, avec beaucoup

(*a*) Voy. le Mém. cité de PERCY, p. 140.

d'additions et réuni à neuf autres mémoires, dans un ouvrage avec lithographies, que je publierai peut-être avant la fin de cette année, sous le titre de *Décade Médico-chirurgicale*,

(66) Ruysch, entre autres, cite des faits de ce genre. — On ne peut pas méconnaître non plus une véritable création dans certaines parties accidentelles où l'on voit des vaisseaux de tout ordre, telles que les *brides membraneuses des plèvres* ; celles que présentent quelques *fausses ankyloses* et certaines *vieilles hernies*. La membrane croupale et les môles sont aussi dans ce cas.

(67) Le rapport des diverses modifications du flux menstruel avec la génération (*a*) ; les grossesses extra-utérines (*b*) ; l'influence de

(*a*) La suppression de ce flux peut, dans certains cas, s'accompagner d'une *pneumatose utérine*, ayant assez d'analogie avec une vraie grossesse, pour que même un chirurgien expérimenté puisse s'y tromper. Le Prof. Fages a eu cité un fait de cette nature, dans son Cours de Médecine opératoire à la Faculté : des *rots de matrice* énormes furent le résultat de cette espèce d'accouchement singulier.

(*b*) Non-seulement un fœtus peut se former et se développer hors de l'utérus, dans la cavité abdominale, mais encore il peut se pétrifier et rester alors vingt-cinq ans, et plus, dans l'abdomen, sans que la femme qui le porte en soit très-fortement incommodée. Blégny a publié, dans ses nouvelles découvertes sur toutes les parties de la l'imagination de la mère sur le fœtus (*a*), et l'indépendance de la vie de ce dernier, dans les circonstances ordinaires (*b*) ; enfin, une disposition spéciale dont la production des jumeaux est l'effet, susceptible de se conserver dans une

Médecine, l'histoire d'une femme qui porta pendant vingt-cinq ans, un enfant pétrifié. BAYLE et SANTORINI ont aussi vu des faits de ce genre. Le fait de ce dernier est même accompagné d'une circonstance bien remarquable ; c'est que la femme qui fait le sujet de l'observation portait son enfant pétrifié depuis *vingt-trois ans*, lorsqu'une nouvelle grossesse se manifesta malgré cet état.

(*a*) Voy. PLINE, SCHENCK (1), THOM. FIENUS (2), MALLEBRANCHE (3), et la bonne dissertation de M. PROSP. THOMAS (4). J'ai connu un enfant manchot, fils d'une femme qui étant enceinte à l'époque de la Révolution, avait appris avec douleur que son mari était entré dans une Église et avait cassé *le bras d'un Christ* d'un coup de bâton. N'est-il pas digne de remarque que le même bras de l'enfant ait été tronqué dans le même lieu ?

(*b*) *Vid.* ERN. GOTTL. BOSE (*De vitâ fœtûs post mortem matris superstite. Lips.* 1786).

Une femme peut être morte et porter un enfant vivant ; voilà pourquoi l'on est dans l'obligation de pratiquer l'opération Césarienne chez les femmes enceintes peu d'instans après la mort, lorsque la grossesse est assez avancée pour que l'enfant soit viable. M. POURCHÉ a eu fait une opération Césarienne de ce genre à la Maison-Centrale-de-Déten-

(1) *Obs. med. rar., lib. IV, de gravidis.*

(2) *De viribus imaginationis tractatus, Lugd. Bat.* 1635, *in*-12.

(3) Recherch. de la vérité.

(4) Montp. 1812, in-4°.

famille où elle paraissait héréditaire (*a*) : tels sont quelques-uns des nombreux objets qui, à cette époque, ont été passés successivement en revue.

(68) Les vers, les cirons de certaines gales, les *pediculi humani*, les poux, sont autant d'insectes propres à l'homme (*b*).

Il y aurait des insectes, selon BONOMO (*c*) et CAMPER, dans le virus de la petite-vérole ; et selon HUGMAN, dans la matière des dartres.

Il n'est pas de partie où l'on ne puisse trouver des vers : SPIGEL en a rencontré dans le corps

tion ; et j'ai moi-même pratiqué cette opération dans des vues analogues, sur une femme de la Valfère, dont l'enfant *dûment ondoyé* vécut 40 minutes.

Comme ordinairement la certitude de la mort ne saurait être acquise, dans ce cas, d'après la putréfaction bien établie, qui cependant est le seul signe capable de l'attester lorsqu'il est *isolé ;* le tempérament du sujet, mais sur-tout la nature et la marche de la maladie, seront les principales circonstances les plus propres à fournir des indications.

(*a*) Il existe réellement des familles *gémellipares ;* M. VIREY en a consigné une belle preuve dans l'article *Génération*, du Dict. des Sc. méd. en 60 vol. Non-seulement « *deux frères jumeaux* ont eu de leurs femmes *des jumeaux* « *à plusieurs reprises*, » mais bien plus « la femme de l'un « d'eux étant morte, *la seconde femme produisit encore* « *des jumeaux.* »

(*b*) Voy. BREMSER, Traité zoolog. et pysiolog. sur les vers intestinaux de l'homme, trad. par GRUNDLER. Paris 1824 et suiv. (au moins pour ce qui concerne les vers).

(*c*) *Oss. intorn. a pellicelli del corpo umano.* FIRENZ. 1787.

vitré de l'œil ; mais faudrait-il en conclure que les œufs des vers roulent dans nos vaisseaux avec le sang, et sont portés par ce fluide dans tous nos organes ?

Le Tænia n'a été appelé *solitaire*, que parce que souvent on le rencontre *seul*. VAN-SWIETEN a vu aussi des vers *uniques*. LOBSTEIN et CHAPOTIN (*a*) ont de plus rencontré des *chenilles uniques* dans le corps humain.

On trouve dans SAUVAGES l'histoire singulière d'un homme qui rendait par la bouche, par l'anus, et par plusieurs plaies non-seulement des poux et des *pediculi humani*, mais encore des scarabées et des espèces d'araignées (*b*).

(69) Les yeux de beaucoup d'insectes ne sont formés que par une *expansion nerveuse*, recouverte d'une pellicule doublée d'un enduit plus ou moins opaque (*c*). La simplicité de cette organisation doit rendre moins étonnans les faits que je vais indiquer. — Transport des sens de la *vue* et du *goût* à l'épigastre ; et de celui de l'*ouïe* aux doigts, chez une cataleptique somnambule (PETETIN). — Transport des sens de la *vue*

(*a*) Descript. topograph. de l'Ile-de-France.

(*b*) Voy. dans les Éphémér. de Montpellier (Juin 1828) le Mémoire que j'ai publié *sur des vers engendrés dans l'intérieur de nos tissus*.

(*c*) CUVIER, Leç. d'Anat. comparée, t. II, 12me leç., art. 13.

et de l'*ouïe* à la région épigastrique chez une Demoiselle qui, pendant ses attaques, éprouvait successivement un tétanos, un opisthotonos et une catalepsie (FOUQUET). — Transport des sens de la *vue* à la nuque, chez une somnambule par l'effet du Magnétisme (*a*).

(70) Taies à la cornée; hypopyon; cataractes de divers genres; glaucôme; coloration des milieux réfringens en *jaune*, cause que les ictériques voient tout de cette couleur. — Myopie; presbytie; diplopie ou vue double par cicatrice à deux facettes de la cornée. = Un habitant de cette ville a eu éprouvé une maladie singulière. Trop de continence lui procurait une vraie diplopie : il voyait tous les objets *doubles* jusqu'à ce que la cause de cette altération de la vue eût été directement attaquée et détruite. Cet exemple de sympathie entre les organes de la génération et les yeux, était trop intéressant pour que j'aie pu le passer sous silence. La *Diplopie*, purement vitale, dont il vient d'être question, pourrait s'ajouter aux dix espèces qu'énumère SAUVAGES (*b*).

(*a*) ROSTAN, Dict. de Méd. en 21 vol. (*Magnétisme*.) Voy. dans les Éphémérides médicales de Montpellier, *la Lettre du docteur* CAZAINTRE *à M.* LORDAT, *sur une transposition du sens de la vue ;* la réponse de M. LORDAT, et ses *réflexions sur quelques points* de la théorie de *la vision*.

(*b*) *Vid. Nosol. method. syst. morb. clas.*, *tom. II*, *p.* 192.

(71) La lumière blanche est composée de différens rayons colorés, réfrangibles à divers degrés, comme le prouve sa dispersion par un prisme de verre donnant lieu à la formation du *spectre solaire.* L'œil humain est organisé d'une manière si admirable, qu'à très-peu de chose près, il réunit au même foyer tous les rayons colorés, malgré leur divers degré de *réfrangibilité :* c'est en cela que consiste son *achromatisme* presque parfait. EULER cherchant la cause de cet *achromatisme* de l'œil, avait soupçonné la réfraction par des milieux différens. DOLLOND, savant opticien anglais, s'empara de cette idée, et en combinant un verre concave de *Flingt-glass*, avec deux verres convexes de *Krown-glass*, il inventa la *lentille achromatique.* On ne doit pas être étonné, d'après cela, que l'épaississement des humeurs de l'œil, ou le ramollissement du crystallin, altèrent l'achromatisme naturel de cet organe.

C'est probablement à quelque altération de ce genre, que l'on doit rapporter le vice de la vision qu'un fameux peintre, HYAC. RIGAUD, de Perpignan, avait éprouvé vers la fin de sa vie, et qui lui faisait voir sur tous les objets une légère teinte violette. Ses derniers tableaux se sont ressentis de sa maladie, comme il est aisé de s'en convaincre principalement par les carnations.

(72) *Phthisis pupillæ* (*a*) ou *synisesis* (*b*); *mydriasis*; héméralopie; nyctalopie; vue de côté (*strabismus luscitans* de SAUVAGES (*c*)). — Une de mes parentes ne peut voir que les objets placés tout-à-fait à sa droite. La cause de cette maladie est la paralysie du côté droit des deux rétines.

(73) On ne peut rien voir de satisfaisant dans ce qu'on a dit pour l'explication de ce phénomène, ni sur l'allongement et le raccourcissement du globe de l'œil, par l'action des muscles droits et obliques; ni sur la contraction et la dilatation de la pupille; ni enfin sur le déplacement du crystallin en avant et en arrière (*d*).

(*a*) CASTELLI, *Lexicon græco-latinum. Genev.* 1746, *in*-4°.

(*b*) SAUVAGES, Nosol. méthod., t. I, p. 730.

(*c*) Le strabisme étant un défaut de rapport entre les deux yeux, SAUVAGES n'aurait pas dû appeler ainsi une maladie qui peut n'atteindre qu'un seul œil.

(*d*) HALLER rapportait cette faculté de l'œil aux mouvemens de l'iris; mais DAVIEL avait vu l'œil conserver cet avantage chez un homme dont l'*iris était restée adhérente et immobile* après une opération de cataracte. — « Il est « impossible de dire....... à quelles causes cet organe doit « de pouvoir voir à des parties différentes (1). » M. MAGENDIE ne fait, avec raison, aucun cas de ces explications (2); et M. SIMONOFF, savant astronome russe, soutient, en s'appuyant sur des démonstrations mathématiques, que pour y voir à des distances différentes, il n'est pas nécessaire que l'œil change de forme (3).

(1) ADELON, Dict. en 21 vol. (*Vision.*)

(2) T. I, p. 73.

(3) Voy. le t. IV du Journal de Physiologie de M. MAGENDIE.

(74) Galien appelait *fonctions privées*, ce que Bordeu a nommé depuis *vie propre*. Ce que Galien désignait par fonctions publiques n'a pas besoin d'être défini.

(75) Fourcroy et M. Vauquelin n'ont point trouvé l'acide hydro-phtorique (fluorique) que Berzélius a désigné le premier dans les os humains ; mais ils ont reconnu, dans la composition de ces organes, des *oxydes de fer et de manganèse*, de la *silice* et de l'*albumine*, que le savant chimiste suédois n'a pu y découvrir (*a*).

Lemery et Menghini avaient déjà démontré l'existence de parcelles de fer, dans la terre qui, chez les vieillards, se porte sur les articulations ou dans les reins (*b*).

Du reste, M. le Pr Anglada s'est assuré, par des expériences faites en 1816, que les principes constituans des os avaient les mêmes proportions dans les substances *compacte*, *réticulaire* et *spongieuse*.

(76) *Calcination des os ; extraction de leur gélatine par une longue ébullition*, ou à l'aide du *Digesteur de* Papin ; *macération dans des acides muriatique ou nitrique affaiblis*.

Je ne puis me dispenser de signaler ici l'appli-

(*a*) Orfila, Élém. de Chim., t. II, p. 537.

(*b*) Voyez les Mém. de l'Académie des Institut. de Bologne, t. II.

cation tout-à-fait ingénieuse de ces connaissances chimiques faites par M. de GIMBERNAT, à l'extraction de la gélatine des os, pendant le blocus de Strasbourg ; et à laquelle M. LE ZAI, Préfet de cette ville, dut le plaisir tout nouveau de manger une soupe anté-diluvienne : le bouillon en avait été fourni par les os d'un *Mammout de l'Ohio,* pris dans le cabinet de M. HERMANN (*a*).

La nature opère quelquefois des analyses chimiques fort analogues, dans certaines maladies.

Os friables par défaut de gélatine. Tous les auteurs reconnaissent qu'ils sont ainsi dans la *vieillesse.* GALIEN (*b*) paraît avoir connu des faits semblables à celui de LAMOTTE, rapporté par SÉNAC (*c*), au sujet d'une femme *dont les enfans étaient très-sains*, et chez qui néanmoins les os devinrent extrêmement fragiles. Les os de la veuve MELLIN étaient si friables, qu'à l'ouverture de son cadavre, les doigts de SAILLANT (*d*) entrèrent, avec la plus grande facilité, dans un des genoux dont ce chirurgien avait voulu seulement reconnaître la consistance. PLATNER (*e*)

(*a*) Journ. de Méd. chir. et pharm. milit., t. I, p. 141.

(*b*) *Vidimus enim non semel, cum valenter siccarentur ossa, œgrè provenisse callum.* (Meth. med., lib. 6, 7ma, p. 41. D.)

(*c*) Préface sur les mal. des os de DU VERNEY, p. XV.

(*d*) Mém. de la Soc. de Méd., 1776, p. 321.

(*e*) *Instit. chirurgiæ ration. Venet.* 1747, *in-4°.*

reconnaît la friabilité des os par le scorbut et la syphilis. J.-CH. HEYNE (*a*) nous fait aussi connaître un exemple remarquable de friabilité du bras, par l'effet de la syphilis. LE CAMUS (*b*) a vu des os *comme calcinés* par le vice cancéreux. MARC-ANT. PETIT (*c*) a vu une femme dont les os se brisaient quand elle se tournait dans le lit : elle avait sept fractures à sa mort.

Os ramollis par excès de gélatine, ou par défaut de phosphate calcaire. Péroné que l'on coupait *comme du fromage* (*d*). Enfant dont l'humérus se tordait *comme une courroie* (FORESTUS). Rachitique dont le fémur était aussi mou que du *lard* (STRACK). Branches de la mâchoire converties en une substance demi-ligamenteuse et demi-cartilagineuse (*e*). Voyez en un mot tous les faits consignés dans la Thèse du Dr CASE (*f*), et qu'il serait trop long de reproduire ici. Les plus curieux sont, sans contredit, ceux de la femme SUPPIOT, d'ÉLISABETH WINKLER, de PIERRE SIGA et de la veuve MELLIN.

(*a*) HALLER, *Theses chirurgicæ-medicæ, de præcipuis ossium morbis, t. XXIX, p.* 389.

(*b*) Médecine rendue plus simple, plus sûre et plus méthodique, t. II, p. 21.

(*c*) Ess. sur la méd. du cœur, p. 324.

(*d*) HALLER, *Opusc. pathologic., p.* 137.

(*e*) CHESELDEN, *Osteograph. introduct.*

(*f*) Considérat. physiol. et patholog. sur l'*ostéomalaxie.* Montp. 1819, in-4°.

Il sera question plus tard des exostoses, surtout *éburnées*, causées par la prédominance du phosphate de chaux, et qui dépendent d'une diathèse spéciale.

Ostéogénie. On est étonné que pendant long-temps on ait voulu rapporter la *formation* et la *réparation des os* exclusivement au périoste : on devait croire, je ne sais trop pourquoi, que *faire un os* était, pour la cause de la vie, plus difficile que *faire du périoste.* Mais les cristallins, les testicules osseux, etc., ont bien prouvé qu'il se forme des os sans le secours de cet organe. — J'ai vu, avec M. JALLAGUIER, sur le cadavre d'une femme qui portait depuis long-temps une fistule à l'hypocondre gauche, l'intérieur de la rate formant une caverne tapissée de fragmens osseux, absolument semblables aux os ordinaires, comme l'analyse chimique l'a démontré.

L'*abrasion des os* au voisinage des anévrismes et de beaucoup d'autres tumeurs *non pulsantes*, est loin d'être l'effet d'une cause purement physique : c'est un phénomène synergique entièrement vital, fort analogue à la destruction des racines des dents de lait, qui, comme on le sait, ne sont nullement en contact avec la couronne des dents qui doivent les remplacer (LORDAT). Il semble que, dans ces cas, la cause de la vie, pour qui les efforts médicateurs ne sont pas alors possibles, travaille à mettre à leur aise les tumeurs de ce genre, pour éviter la production des symptômes que leur compression ou leur gêne ne manqueraient pas de causer.

(77) Mêlée à beaucoup d'erreurs dans l'Anatomie générale de BICHAT ; passée pour ainsi dire à pieds-joints dans les ouvrages de MM. MAGENDIE, BROUSSAIS et ISID. BOURDON ; exposée avec un peu plus de détails dans la Physiologie de M. RICHERAND, et sur-tout dans celle de M. ADELON, qui n'aurait pas manqué de rendre un plus grand service, s'il avait séparé de sa Physiologie les détails anatomiques dont ses quatre volumes abondent : la Physiologie du système osseux n'a été convenablement enseignée, que lorsque M. LORDAT l'a choisie pour sujet du Cours qu'il a fait à la Faculté de Médecine en 1813.

(78) Peut-on regarder la *sensibilité* et la *contractilité* comme des *propriétés* ? Très-certainement non.

Une *propriété*, c'est-à-dire, une *qualité propre à un corps*, doit être toujours par-tout où le corps lui-même se trouve : vrai caractère de cet objet, elle en est *inséparable*. *Un muscle* est susceptible de *sensibilité* et de *contractilité*, chez le vivant ; mais dans le cadavre, il ne présente plus ni l'*une*, ni l'*autre* : il n'a cependant pas cessé d'être un muscle. Peut-on regarder comme des *propriétés* de ce muscle, la *sensibilité* et la *contractilité* qui l'ont abandonné ? Il faudrait pour cela, que les *propriétés* des corps pussent ou *se joindre à eux*, ou *s'en séparer*, ce qui serait réellement absurde.

Il en est bien autrement des *facultés* ou des *forces*. *Un homme* a la *faculté* de *lire*, de *penser*, de *raisonner ;* mais il a acquis ces *facultés*, et il peut les perdre. *Un homme* est doué d'une *force corporelle extraordinaire ;* mais il l'a acquise peu à peu, et mille causes peuvent l'*affaiblir* en lui, ou même l'*anéantir*, sans que pour cela il cesse nécessairement d'être *un homme*. Les *facultés* ou *forces* peuvent donc s'acquérir ou se perdre, la constitution matérielle du corps restant la même ; tandis que les *propriétés* d'un corps ne sauraient être détruites sans que sa nature, dont elles dépendent, ne le fût aussi.

On aura toujours des idées confuses sur ce sujet, tant qu'on ne distinguera pas, comme on doit le faire, d'abord, les *attributs essentiels* des principes d'action, d'avec leurs *facultés* respectives (*a*) ; mais sur-tout, ensuite, la *vie* et l'*âme*, d'avec l'*arrangement pur et simple de la matière*.

Sensibilité des os. Elle a été prouvée par la carie de l'émail des dents, qui ne s'affectent ainsi que *pendant la vie ;* par les *exostoses éburnées*,

(*a*) Voyez les notes (11) et (12), p. 81.

dont Ruysch, Bidloo, Morand, MM. Dupuytren et sur-tout Ribell, de Perpignan, nous ont donné de beaux exemples ; et qu'on ne peut concevoir que comme le résultat d'un vice de nutrition, supposant nécessairement un certain degré de sensibilité. Pourquoi ces exostoses ne vivraient-elles pas comme les dents de l'éléphant?

Contraction des os. Elle est lente et souvent peu sensible, mais elle existe. Retour de la cloison du nez ou des parois de l'antre d'Hygmor, après l'extraction des polypes de ces parties. Retour des parois du canal vertébral et du crâne, après l'évacuation des eaux, dans l'hydrocéphale et l'hydrorachis. — Boîte osseuse *s'affaissant* après l'extraction d'un séquestre. — *Trou optique étroit* après l'atrophie du nerf de ce nom ; *orbite resserré* après l'extirpation d'un œil cancéreux ; *canal carotidien rétréci* après la ligature de la carotide interne (Bichat, *Anat. génér., t. III, p.* 41).—Contraction des alvéoles dentaires vides (Blumenbach ; Sue, dans la traduction de l'ostéol. de Monro). *Canines* de la mâchoire supérieure, *séparées seulement par un petit espace triangulaire à leur base*, chez un jeune homme de Béziers qui avait perdu les *quatre incisives intermédiaires* (Lordat).

Dilatation active des os. Expansion de l'extrémité des os à l'occasion de leur fracture. — Expansion plus marquée encore dans la *carnification des os*, dont PETIT, entre autres, a vu un exemple remarquable dans une articulation *iléo-fémorale*. Le même auteur parle encore d'une *tumeur osseuse*, *spongieuse*, développée assez rapidement sur les os du crâne, à la suite d'un coup de pied de cheval. M. LORDAT a vu aussi des végétations considérables venant d'une côte et qu'il fallait toujours déprimer.

On peut voir, dans le Conservatoire de la Faculté, une pièce anatomique, donnée par VIGAROUS, portant la majeure partie d'un kyste osseux qui avait été trouvé rempli d'une matière suiffeuse : seul fait de *stéatôme osseux* qui me soit connu.

Pourrait-on ne pas admettre, indépendamment d'une fluxion, la *dilatation active* de la partie malade, sur-tout dans ce dernier cas ?

(79) Comme dans la note (76) il a été déjà question de la *friabilité* des os et de l'*ostéomalaxie*, nous ne parlerons ici que de la *diathèse osseuse*. Cette disposition tantôt générale, tantôt bornée à une seule partie, est l'unique cause des réunions des os et des générations osseuses, que l'on ne saurait plus aujourd'hui rapporter *exclusivement* au périoste.

Aux faits déjà cités en faveur de cette assertion, nous ajouterons les suivans : *cœur ossifié* (CHESELDEN). M. le Professeur DELMAS en a long-temps conservé un dans cet état. —

Valvules semi-lunaires de l'aorte ossifiées et adhérentes (*a*). — Aorte ossifiée (*b*). Dans le Conservatoire de la Faculté, il existe une pièce anatomique de ce genre, déposée par M. le Professeur DUBRUEIL (*c*).

Tout le système artériel a été trouvé ossifié chez un vieillard, par RIOLAN. Le fameux THOMAS PARR, mort à 153 ans, a présenté un phénomène semblable, comme on peut le voir dans la relation que nous a laissé HARVEY, qui fut chargé de l'ouverture du cadavre (*d*).

Une fracture met en jeu la diathèse osseuse qui souvent ensuite va beaucoup plus loin qu'il ne le faudrait : c'est à cela qu'on doit attribuer les cals volumineux, et l'ossification de quelques

(*a*) RUYSCH, Obs. anat. chirurg. Cent., obs. LXIX, p. 90.

(*b*) WEPFER et beaucoup d'autres qu'il serait trop long de citer.

(*c*) J'espère prouver bientôt, dans ma *Décade médico-chirurgicale*, que c'est uniquement parce qu'on a manqué de philosophie, dans la considération des diverses causes de l'angine de poitrine, que l'on a pu admettre l'erreur qui a porté FOTHERGILL (1) à regarder l'ossification de quelques points de l'aorte et des artères coronaires, comme *cause efficiente* de cette angine.

(*d*) *Anat.* THOM. PARRI, HARVEY *op. omn. a Colleg. med. Lond. edit.*, *p.* 607 *et seq.*

(1) *Vid. med. obs. societ. of. phys. in London*, *vol. V.*

organes avoisinant les fractures. M. le Prof. LALLEMAND a vu l'ossification des artères de la jambe à l'occasion d'une fracture du tibia.

Les veines peuvent aussi s'ossifier, quoique BICHAT ait assuré le contraire (*a*). Veine-cave inférieure ossifiée (*b*). — SALTZMANN, WALTER et MURRAY ont vu des veines dans le même état (*c*).

J'ai vu, avec M. LORDAT, le cerveau ossifié d'un bœuf qui, pendant sa vie, n'avait pas donné le moindre signe d'une semblable altération. Cet animal faisait toutes ses fonctions aussi-bien qu'on pût le desirer.

Pour ce qui concerne la tête, signalée comme *extrêmement curieuse et propre d'ailleurs à jeter du jour sur la théorie de l'ankylose*, on pourra la voir lithographiée dans l'ouvrage que je dois publier après celui-ci.

(80) Cette disposition à produire de la matière osseuse n'atteint parfois que quelques articulations. Le prétendu sauteur qui donna lieu à la brouillerie de BARTHEZ avec DUMAS, porte une ankylose vraie au coude du côté droit. (*Conservatoire de la Faculté.*) On peut voir aussi,

(*a*) Anat. génér., t. II, p. 404.

(*b*) MORGAGNI, *epist.* 64, *n*° 9.

(*c*) Voy. le Mém. de M. J. F. LOBSTEIN sur l'ossification des artères, t. I des Mém. de la Société des sciences agric. et arts de Strasbourg.

dans le même lieu, une belle pièce anatomique ayant deux ankyloses vraies, l'une entre le *fémur* et le *tibia ;* l'autre entre un des condyles du fémur et la rotule. Cette pièce présente, en outre, un cal assez remarquable au-dessous d'une carie.

(81) Cette disposition générale devenant plus fortement prononcée, s'empare quelquefois de toutes les articulations, quoiqu'elle respecte même alors le corps des os. COLUMBUS et DESLANDES (*a*), WALTER (*b*), PERCY (*c*) et LARREY, nous fournissent des exemples d'ankylose universelle. Un des plus curieux est, sans contredit, celui de PERCY, relatif au Capitaine SIMORRE. Forcé de rester dans un fauteuil pendant plusieurs mois, à cause d'une insomnie occasionée par le travail qui souda ses articulations, ce malheureux militaire eut toutes les pièces de son squelette ankylosées dans une position si singulière, qu'on ne pouvait se dispenser de le *caler,* après l'avoir transporté d'un lieu dans un autre. — J'ai cité, dans ma Thèse doctorale, un exemple curieux d'ankylose universelle, que M. le D[r] GAY a bien voulu me communiquer, et qui reconnaissait la masturbation pour cause.

(*a*) Notes de SUE, sur sa trad. de l'ostéol. de MONRO.

(*b*) *Mus. anatomic.*

(*c*) Bullet. des scienc. par la Soc. philom., A. X, n° 60, p. 93.

(82) Dans d'autres circonstances, la diathèse osseuse porte exclusivement sur le corps des os et respecte les articulations mobiles. MARC-AURÈLE SÉVERIN (*a*), BIDLOO (*b*), PETIT (*c*), PLATNER (*d*) et un grand nombre d'autres auteurs modernes, en citent de beaux exemples.

Cette disposition atteint aussi quelquefois tous les os du squelette : COURTIAL parle d'un chapon que l'on servit dans un dîné et qui fut trouvé entièrement osseux, au grand étonnement des convives. Dans une lettre de SAUCEROTTE écrite à BARTHEZ, en 1772, et trouvée dans les manuscrits dont M. LORDAT a hérité, il est question d'un homme de la Lozère, dont les os croissaient beaucoup en épaisseur seulement. Le développement des os du crâne avait exigé des chapeaux faits exprès ; les côtes avaient un pouce et demi d'épaisseur et chevauchaient les unes sur les autres ; les pieds, *œdémateux en apparence*, étaient reconnus réellement *osseux* au toucher ; la mâchoire inférieure dépassait de beaucoup la supérieure : les dents de l'une étaient à deux travers de doigt de celles de l'autre. On ne put arrêter la marche de cette maladie, quoique l'on

(*a*) *De effic. medic.*, *lib.* 3.

(*b*) *Exercit. anatomic. chirurg.*, *Dec. duæ*, *p.* 369.

(*c*) Malad. des os, t. II, p. 380.

(*d*) *Institut. chirurg. ration.*, *p.* 370.

eût eu la précaution de bannir du régime prescrit au malade, les alimens que l'on croyait propres à fournir des matériaux à cette disposition. Cette affection était si profonde, que les urines se prenaient comme de la gelée.

Le docteur RIBELL, de Perpignan, a publié, dans sa Thèse doctorale (*a*), un exemple très-remarquable d'exostose éburnée des os du crâne et de la face.

(83) D'abord, il est des tumeurs d'une nature mixte, qui ont été déclarées tantôt *osseuses*, tantôt *pierreuses*, par des auteurs également recommandables : il semble qu'elles forment, pour ainsi dire, le passage des tumeurs *décidément osseuses*, à celles qui sont *décidément pierreuses*. Ensuite, on a observé que la production de pierres s'accompagnait quelquefois d'une sorte d'*atrophie*, de *marasme des os*. M. RIBES, de Paris (*b*), a trouvé *plusieurs centaines de calculs*, dans les *reins*, les *uretères* et la *vessie* d'un directeur du théâtre des ombres chinoises, appelé SÉRAPHIN. Cet homme était mort, âgé de 55 ans, à la suite de la troisième des opérations de taille, qui lui avaient été faites dans dix-huit mois. M. RIBES n'ose affirmer que ces pierres

(*a*) Dissert. sur les exostoses, etc. ; Paris, 1823, *in*-4°, avec une lithographie.

(*b*) Dict. des sc. méd. en 60 vol., art. *Os*.

étaient formées au détriment du système osseux, mais il fait observer, du moins, *que les os étaient si appauvris et si peu résistans, que, serrés entre les doigts, ils cédaient aisément à la pression et se fracturaient avec la plus grande facilité.* N'est-il pas permis, d'après cela, de soupçonner quelque rapport entre les diathèses *lithique* et *osseuse?*

(84) Parmi les causes de la nécrose, consistant dans des impressions fâcheuses qui tendent à éteindre directement les mouvemens intimes dont la vie dépend, j'ai indiqué les suivantes.

1° *Le froid.* FABRICE DE HILDEN avait observé que le froid pouvait nécroser les os d'un membre, sans que la congélation des parties molles fût indispensable. Cette observation s'accorde parfaitement avec celle de M. LORDAT, qui a remarqué que, dans la congélation des membres, la nécrose s'étendait plus haut que l'altération des parties molles.

Les anciens croyaient que l'exposition des os à l'air suffisait pour les nécroser : c'était une erreur. FABRICE DE HILDEN a vu des dénudations d'os qui n'ont pas été suivies de leur nécrose, et il n'est pas le seul qui ait fait des observations de ce genre. Quand la nécrose se manifeste dans ces circonstances, il est infiniment probable que, comme le pense M. BOYER, c'est plutôt le *froid* que l'*air* qui en est cause.

2° Le *chaud*, ou l'impression du calorique au-dessous du degré *comburant*, comme dit M. Boyer. Les parties molles sont douées d'un *pouvoir frigorifique*, dont la cause est peut-être dans la vive contractilité dont ces parties sont susceptibles, et qui semble manquer dans les os.

3° Les *spiritueux*, les *acides*, *les alcalis*. Ces diverses substances ne paraissent aussi agir directement contre la vie des os, que parce que ceux-ci n'ont pas la faculté de resserrer leur tissu, comme les parties molles sur lesquelles ces corps exercent leur action; ou de faire épancher un liquide protecteur entre eux et les substances qui les affectent, comme lorsque les cantharides attaquent la peau. —Quant à l'action du pus sur les os, des expériences nombreuses, faites avec M. Lordat, à la Maison-Centrale-de-Détention de cette ville, nous ont bien convaincu qu'elle était nulle dans la production de la carie et de la nécrose.

(85) On peut lire, dans le Journal des progrès et des institutions médicales (*a*), un bel exemple de nécrose médicatrice : à l'occasion d'une atrophie, on a vu un bras maigrir d'une manière si forte à la partie moyenne de l'humérus, que, lorsqu'il se détacha quelque temps après dans ce

(*a*) Première année.

point, la cicatrice fut parfaite sur le moignon.

(86) J'ai été étonné que Samuel COOPER se fût exprimé ainsi qu'il suit, dans le bon Dictionnaire de Chirurgie que nous lui devons. « A l'ex« ception de la *mâchoire* et de l'*omoplate*, on « n'a observé le travail de la régénération que « dans les os cylindriques. » D'après la manière dont CLOPTON HAVERS (*a*) et M. FODÉRÉ (*b*) s'expriment, il paraîtrait qu'ils ont vu beaucoup de cas de régénérations osseuses après l'opération du trépan. Il résulte d'un fait consigné dans les Essais de Médecine d'Édimbourg, et reproduit par TARIN, dans son Ostéographie, que, chez un enfant, *on a vu une grande portion des os du crâne, de la dure-mère et même du cerveau, parfaitement régénérée.*

MORAND et FAGET ont eu présenté à l'Académie Royale des Sciences, des portions de *crânes* où l'on voyait évidemment des *régénérations osseuses.*

WALTER décrit, dans son Muséum, une collection de crânes ainsi réparés. Les régénérations osseuses de quelques-unes de ces pièces sont même si parfaites, qu'on a de la peine à se figurer qu'elles aient réellement éprouvé de grandes déperditions de substance.

(*a*) *De ossib., cap.* 3, *p.* 144.
(*b*) Physiol. posit., t. I, p. 21.

GALIEN, et MM. BOYER (*a*) et DELPECH (*b*), ont vu aussi des portions de sternum *régénérées*.

On a conseillé, il n'y a pas long-temps, de remettre en place le bouton osseux que l'on enlève au crâne dans l'opération du trépan : plusieurs faits prouvent qu'il se forme alors un cal circulaire (*c*). On peut voir, dans JOB à MECCKR'EN (*d*), l'observation curieuse où il est question de l'ouverture d'un crâne humain parfaitement réparée par une portion d'os enlevée au crâne d'un chien. Le personnage qui fait le sujet de cette observation fut *excommunié* jusqu'à ce que, par une opération nouvelle, il se fût délivré de la portion d'os de chien à laquelle il devait sa guérison.

(87) Le séquestre est le résultat d'un véritable effort médicateur : la nature, ne pouvant chasser l'os nécrosé, l'empêche au moins de nuire, en l'enfermant dans une *boîte* ou un *étui osseux* de nouvelle formation. INETT a envoyé à HUNTER une pièce, où l'on voit tout le corps du tibia nécrosé et enveloppé comme dans une gaîne osseuse, dans laquelle il est mobile, mais par-

(*a*) Trait. des mal. chirurgic., t. III, p. 36.

(*b*) Précis élém. des malad. réput. chirurg., t. III, p. 36.

(*c*) Voy. Nouv. Biblioth. médic.

(*d*) *Observationes medico-chirurgicæ; Amstel.* 1682, *in*-8°, *fig.*, *pag.* 6 *et seq.*

faitement retenu (*a*). **Weidmann** a vu un fait de ce genre (*b*). « **Morand**, **Cheselden** et « **Brumfield** ont donné des gravures représen- « tant une reproduction de la partie supérieure « de l'humérus, dans laquelle la portion osseuse « ancienne et nécrosée, se trouvait renfermée « comme dans une espèce de cylindre osseux (*c*). »

(88) *De novorum ossium, in integris aut maximis, ob morbos, deperditionibus, regeneratione, experimenta. Lut. Par.* 1775, *p.* 27.

(89) Le cal, disproportionné à la déperdition de substance des os, est cause d'un raccourcissement ou d'un allongement des membres, dont la claudication, s'il s'agit des membres inférieurs, est également la suite inévitable. **Barthez** a vu une exfoliation du tibia, après un érysipèle, donner lieu à un cal volumineux, avec allongement très-sensible du membre.

(90) Le diploë et les lames compacte et vitrée des os du crâne qui le recouvrent, semblent avoir été imités par les ingénieurs militaires, dans les remparts faits d'un *moellon de remplage*, entre

(*a*) *Med. obs. and inquir.*, *vol. II*; cit. par S. Cooper.

(*b*) *De necrosi ossium*, *p.* 29.

(*c*) Sam. Cooper, Dict. cit. *Nécrose.* = Voyez dans le même article, les idées propres à Weidmann, sur la nature du pus qui accompagne les nécroses. Suivant lui, la mauvaise qualité du pus est moins l'effet de la nécrose, que celui de la constitution détériorée des sujets.

deux murs de revêtement en pierre de taille. On trouve, en effet, dans les constructions de ce genre, la solidité réunie avec la légèreté ; et un mode de résistance, analogue à celui que les os du crâne et du bassin opposent à l'action des corps vulnérans qui peuvent les atteindre.

Certaines portions d'os ont pu être composées presque exclusivement de *matière compacte*, quoiqu'elles soient alors *très-fragiles;* parce que *elles sont situées à l'intérieur du crâne :* la voûte sus-orbitaire est dans ce cas; mais, par cela même, leurs fractures sont toujours accompagnées de graves accidens : on n'ignore pas que les coups d'épée dans l'œil sont très-souvent mortels. Aussi, dans les points extérieurs du crâne, où le rapprochement des deux tables est considérable, comme à la tempe, la nature s'est fait en quelque sorte un rempart de parties molles (CROTAPHYTE et ses aponévroses).

Pour que l'on sentît bien les avantages respectifs de la construction des différentes cavités, j'ai fait connaître les suites du transport, par la pensée, de l'organisation de chacune d'elles aux deux autres.

Il vous a dès-lors paru facile de pressentir, quels auraient été les effets inévitables, de l'*état mou* des os du crâne ; de la *solidité* des parois de l'abdomen ; et de la *fixité* de celles du thorax. Parmi les applications de ces idées à la Pathologie, qui vous ont été faites immédiatement après, vous avez trouvé l'explication de la gêne habituelle de la respiration chez les vieillards, par la roideur et l'ossification qui s'emparent des articulations de la poitrine (*respiration abdominale*).

L'exposé des avantages dus à la forme des os longs et à leur canal médullaire, m'a fourni l'occasion de démontrer, que, comme l'avait si heureusement trouvé GALILÉE, de deux colonnes de même hauteur, faites avec une égale quantité de même matière, l'une *pleine*, et l'autre ayant un *canal dans son centre ;* celle-ci était d'autant plus forte que son diamètre était plus grand, jusqu'à un certain point.

(91) A l'occasion des leviers, voici comment s'exprime M. MAGENDIE : « Dans le levier du « premier genre, le *point d'appui* est entre la « *résistance* et la *puissance.* » Et il ajoute : « la « *résistance* est à une extrémité et la *puissance* « à l'autre extrémité (*a*). » La définition de chaque genre de levier est accompagnée d'un commentaire analogue.

Quand on considère seulement trois choses, et que l'on suppose *l'une d'elles au milieu*, il est *si clair que les deux autres sont aux extrémités*, que cela n'aurait pas eu besoin d'être dit, surtout dans un livre. Mais M. MAGENDIE a voulu

(*a*) Précis élém. de physiol., t. I, p. 282.

faire un ouvrage *élémentaire*, comme son titre l'indique, et sous ce rapport il a complètement réussi : on est forcé de convenir que Barthez n'a pas cette clarté.

(92) Lordat, Cours de Pysiologie à la Faculté de Médecine, en 1813.

Ce Professeur a fait remarquer en effet, que si l'on faisait à la partie inférieure d'un ovoïde en cire, des froncemens analogues à ceux que présente la base du crâne, on obtiendrait, entre le reste de l'ovoïde et ces plis, des rapports analogues à ceux qui existent entre les trois quarts supérieurs du crâne et sa base elle-même : plus la courbure de l'axe du crâne est considérable et plus aussi le pariétal est plissé, etc., etc.

(93) Chez tous les mammifères, le crâne peut être conçu comme un ovoïde, dont l'axe, ayant son apside antérieur au trou borgne et le postérieur au trou occipital, se courbe d'autant plus inférieurement, que l'animal sur lequel on l'examine approche plus de l'homme. Chez la chauve-souris, l'axe est droit ; et l'on voit qu'il se courbe de plus en plus, en abaissant l'apside postérieur du crâne, chez les herbivores ; les carnivores (le chien, le loup, l'ours) ; et les quadrumanes. On n'ignore pas que, dans l'échelle des êtres, les singes sont ceux qui s'approchent le plus de l'espèce humaine. Mais l'homme

est de tous les animaux, celui dont la courbure de l'axe du crâne, et par conséquent la convexité des os qui composent cette cavité, sont le plus considérables. M. LORDAT regarde l'axe du crâne, chez l'homme, comme une courbe qui approche beaucoup d'une spirale d'ARCHIMÈDE, dont le centre serait en arrière.

Existe-t-il quelque rapport entre la courbure de l'ovoïde qui forme le crâne et le reste de l'économie ? Il en est un beaucoup trop saillant pour qu'il ne doive pas être indiqué. La nature semble avoir attaché quelque grand avantage à la situation horizontale de la base du crâne. Cette base est *horizontale* même chez les animaux dont la *colonne vertébrale affecte* une direction analogue. Elle paraît avoir pour utilité de soutenir toute la masse du cerveau d'une manière égale.

On sait combien est pénible l'état des quadrupèdes que l'on contraint à se tenir debout : cela provient de ce que, la base du crâne devenant perpendiculaire, cet organe pèse alors sur lui-même.

Le *décubitus supinus* long-temps continué, causerait des changemens peut-être incalculables. C'est à l'effet du poids du cerveau sur les os du crâne dans cette position, que l'on doit attribuer la déformation de la tête de PIERRE SIGA : chez ce bourgeois de Sédan, le crâne ramolli était devenu *sphérique*.

(94) *L'ossification précoce* et *l'immuabilité de la base du crâne* étaient de rigueur, à cause des organes importans auxquels cette partie livre passage. Sans cela, la moelle, des nerfs et des vaisseaux considérables, auraient éprouvé des distensions souvent funestes. Aussi la base du crâne, ou plutôt la partie comprise entre l'apophyse *crysta galli* et le trou *occipital*, est de bonne heure peu susceptible d'accroissement: elle demeure presque immobile pendant le développement de tout le reste du crâne, qui est par-tout ailleurs facile et sans inconvéniens (LORDAT).

Cette partie de la *base du crâne est presque immuable, même chez les hydrocéphales :* j'ai vérifié cette observation d'IANKE, comme l'avait fait M. LORDAT, sur la tête du Canarien hydrocéphale dont le Prof. AUG. BROUSSONNET a enrichi le Conservatoire.

Bien plus, THOURET a observé que cette portion du crâne restait immuable, même pendant les accouchemens laborieux, dans lesquels le chevauchement des os de cette cavité était des plus prononcés.

L'avantage du défaut de suture coexistant avec la solidité de la base du crâne, confirme encore le principe déjà établi; savoir: que l'*ossification des diverses parties du squelette est en raison de leur utilité actuelle.*

(95) Voyez Mém. de l'Acad. roy. des Scienc. 1730, p. 545 et suiv. Les idées consignées dans ce mémoire font parfaitement connaître le mécanisme de certaines fractures, telles que celle de la grande aile du sphénoïde près de son corps, à l'occasion d'un coup sur la réunion des pariétaux et du coronal; celle de l'écaille du temporal au-dessus du rocher, chez un vieillard mort à la suite d'une chute sur la tête (MORGAGNI), etc.

(96) L'erreur de BICHAT, au sujet du mouvement de bascule du temporal, par l'effet de l'action des pariétaux sur la portion écailleuse du premier os, à la suite d'un coup sur le sommet de la tête; ne pouvait point échapper à M. LORDAT (a). La pointe du rocher ne saurait être en effet arrêtée, dans ce mouvement de bascule, par l'apophyse basilaire. Cette pointe se trouvant non *au-dessous*, mais bien au *niveau* de l'apophyse basilaire, ne pouvait que s'en écarter dans le mouvemenent indiqué; et c'est aussi ce

(a) Voy. le Traité d'Anat. descriptive de BICHAT, t. I, p. 61, où cet auteur prétend que dans ce cas les temporaux « .... éprouvent eux-mêmes un mouvement de bascule, qui tend à *rapprocher les rochers*, et à affermir « par conséquent leur articulation avec l'occipital et le « sphénoïde; en sorte que tout l'effort latéral vient se » *concentrer sur la ligne médiane de la base du crâne.* »

qu'elle fait, quoique l'auteur que j'ai cité ait avancé le contraire.

(97) L'écartement des os du bassin, par l'effet du ramollissement des fibro-cartilages de la symphyse (*a*); par la rupture accidentelle de cette partie; ou bien par l'opération connue sous le nom de *symphyséotomie*, a été quelquefois assez avantageux chez des femmes en couches, pour qu'on ait pu se dispenser de pratiquer ou l'opération Césarienne, ou le morcellement du fœtus.

Il est même des cas où la *symphyséotomie* seule doit convenir : tels sont ceux où la tête est fortement enclavée dans le bassin (MARJOLIN).

(98) Le sacrum est réellement suspendu entre les os des îles par les ligamens iliaques, comme par deux soupentes; si bien que les os des îles sembleraient plutôt s'appuyer sur le sacrum. Ainsi que l'a dit l'auteur de cette observation, M. LORDAT, l'erreur qui fait regarder le sacrum comme un coin tendant à écarter les os iliaques par leur partie postérieure, est commune à presque tous les Anatomistes.

Dans les chutes sur les pieds, les genoux et les fesses, ces soupentes, fort analogues par leurs

(*a*) Il a été reconnu par HIPPOCRATE, GALIEN, S. PINEAU, AMBR. PARÉ, FERNEL, etc., ainsi que par le plus grand nombre des accoucheurs de nos jours. (*Voyez le Manuel d'obstétrique de M. le Prof.* DUGÈS, *p.* 239.)

fonctions à celles des voitures, modèrent la propagation des ébranlemens, dont des commotions fâcheuses auraient été bien plus souvent la suite, si la disposition anatomique que l'on a si longtemps supposée avait réellement existé.

(99) On sait que chez l'enfant le développement du bassin n'est point en rapport avec celui des autres parties. Son diamètre transverse est étroit ; les cavités cotyloïdes sont plus rapprochées ; la base de sustentation est nécessairement moins étendue : aussi les chutes sont-elles, chez eux, très-fréquentes.

(100) GALIEN comparait la colonne vertébrale à la *quille d'un vaisseau*. Si l'on se souvient encore que le Médecin de Pergame était réduit à étudier l'homme dans les animaux qui en approchaient le plus (*a*), on trouvera sa comparaison très-juste : la suite des apophyses épineuses des vertèbres, et la disposition des côtes par rapport

(*a*) CAMPER a bien prouvé que le singe qui servait aux démonstrations anatomiques des anciens était l'Orang-outang. Ce savant avait remarqué, dans la description que fait GALIEN du singe dont se servaient les Anatomistes de son temps, l'indication des *deux sacs du larynx* et des *deux trous* par lesquels ils communiquent avec la glotte, qu'il avait déjà signalés lui-même comme propres à ce quadrumane (1).

(1) VICQ-D'AZYR, Œuv. compl. ; Paris 1805, in-8°, t. I, p. 317 et 318.

à l'épine, chez un grand nombre d'animaux autres que l'homme, rappelle fort bien l'idée de la carène d'un *vaisseau en construction*. Chez l'homme c'est bien différent : la convexité des parties postérieures et latérales du thorax dépasse le niveau des apophyses épineuses : aussi l'homme est-il peut-être le seul des mammifères qui puisse se coucher sur le dos.

Le corps d'une vertèbre est, en général, d'autant plus fort que cette vertèbre est elle-même plus inférieure : cela devait être chez les bipèdes sur-tout, puisque plus une vertèbre est inférieure, plus aussi le poids qu'elle doit supporter est considérable. Si, chez les quadrupèdes, la colonne lombaire est en proportion moins forte que chez l'homme, cela tient à ce que, chez ces animaux, la moitié antérieure du corps est ordinairement supportée par les extrémités correspondantes.

La série d'anneaux des vertèbres forme à la moelle un étui à la fois solide et mobile : le nombre et la diversité de nos mouvemens, et le danger des lésions de cet organe, exigeaient cette disposition.

Les apophyses épineuses semblent avoir pour but de borner les mouvemens de l'épine qu'il serait dangereux de pousser trop loin. — Des exercices habituels, tels que ceux que les baladins exécutent, sur-tout quand ils s'y sont adonnés dès leur enfance, procurent une facilité, une promptitude et une étendue de mouvemens, favorisées par le redressement et par une sorte d'atrophie des apophyses épineuses. Chez les sauteurs, ces apophyses sont en effet plus *droites* et plus *courtes*. Chez ces individus, il s'établit même quelquefois des *articulations accidentelles* entre ces éminences osseuses : on en verra des preuves dans ma *Décade Médico-chirurgicale*.

Quant à la nature bipède de l'homme, elle a été prouvée à plusieurs époques de ce Cours :

1° Par la situation fâcheuse du cerveau dans l'autre attitude ; il pèse alors sur lui-même, la base du crâne étant devenue verticale, d'horizontale qu'elle était ;

2° Par la position des yeux, qui ne pourraient avoir tous leurs avantages qu'à la faveur d'une courbure et d'une torsion de la colonne cervicale, nécessairement très-pénibles ;

3° Par l'obstacle que le menton opposerait à la *préhension* des alimens ;

4° Par la gêne que les cheveux occasionneraient à la vue et à la marche : il n'existe probablement pas un seul animal dont la vision et la marche soient aussi embarrassées, que le seraient ces mêmes fonctions chez l'homme quadrupède ;

5° Par la brièveté de la colonne cervicale, dont la longueur, réunie à celle de la mâchoire, serait loin de surpasser celle des bras ;

6° Par la position des omoplates, trop en arrière pour pouvoir soutenir avantageusement la poitrine, dont le diamètre antéro-postérieur est le plus petit chez l'homme ;

7° Par la direction du calcanéum, qui appuie sur le sol chez l'homme, au lieu d'être élevé comme chez les quadrupèdes, dont cette disposition favorise beaucoup la marche, etc.

Je me contenterai de ces preuves que j'aurais pu pousser plus loin, si je l'avais cru nécessaire.

(101) Les courbures de la colonne vertébrale n'existent pas dans la première enfance.

Il est infiniment probable que, comme le pense M. FODÉRÉ, elles sont l'effet de l'action des muscles: ces courbures ne se manifestent que lorsque l'enfant a pu exécuter quelques mouvemens.

Je croirais même qu'il faut ajouter l'effet du *poids des parties supérieures du corps* à l'action musculaire, pour se rendre raison de toutes les circonstances du phénomène. Un homme qui aurait passé toute sa vie *couché*, ne présenterait pas, dans sa colonne vertébrale, les courbures ordinaires, parce que ni l'*action des muscles*, ni le *poids des parties supérieures du corps*, n'auraient pu les produire. Cela rendrait raison de la rectitude de l'épine, observée chez certains sauvages abandonnés de bonne heure à eux-mêmes, et qui marchaient sur leurs quatre extrémités : le haut du corps portant tout son poids sur les membres thoraciques, la colonne vertébrale était restée droite.

Dans l'état pathologique, comme dans l'état physiologique, à l'occasion d'une première courbure, il s'en produit toujours une seconde, qui tend à ramener le centre de gravité et la ligne de propension dans les points de l'économie dont ils s'étaient l'un et l'autre écartés. Voyez le développement de ce principe, et les savantes applications qui en ont été faites aux maladies nombreuses qui réclament le secours de l'orthopédie, dans l'excellent ouvrage de M. Delpech, intitulé : *De l'Orthomorphie par rapport à l'espèce humaine* (a).

(102) Je ne connais pas un seul ouvrage qui contienne l'exposé du véritable mécanisme de cette articulation, quoique M. Lordat l'ait présenté avec beaucoup de détail, dans son Cours de Physiologie fait en 1813 à la Faculté. Il n'appartient qu'à ce Professeur de publier les idées qui lui sont propres sur ce sujet ; puisque, jusqu'à ce jour, elles n'ont pas été usurpées sur lui, comme tant d'autres propositions fondamentales, énoncées dans ses Cours, soit particuliers, soit

(a) Paris 1828, deux vol. in-8°, avec un Atlas in-4°, de 78 planches.

publics ; ou consignées dans des Thèses de Docteurs qui étaient ses élèves.

Je me contenterai de dire, que Vésale, Winslow et Sabatier, n'ont vu, dans cette articulation, que les seuls *mouvemens d'extension* et de *flexion ;* tandis que Cheselden et Bichat y reconnaissent des *mouvemens latéraux.*

On est généralement fixé, même depuis longtemps, sur la nature des premiers mouvemens indiqués ; mais Cheselden et Bichat sont évidemment dans l'erreur pour ce qui concerne les autres : ces deux auteurs admettent mal-à-propos, l'un, la *circumduction* (Bichat) ; l'autre, la *circumduction* et la *rotation* (Cheselden).

(103) Il a été ici question, d'une manière assez étendue, des *luxations*, de *l'ankylose* et des *fractures des vertèbres,* ainsi que de leur théorie ; des effets de l'*ostéomalaxie*, de la *friabilité* et de la *carie* sur l'épine du dos ; du *mal vertébral de* Pott, et de la nature de l'impotence des extrémités inférieures qui l'accompagne ; du développement des *tubercules scrophuleux* dans les os, conformément aux idées de M. le Professeur Delpech, qui a eu la bonté de me faire remarquer plusieurs fois, pendant sa clinique, de beaux exemples de ces générations morbides.

(104) Voyez le Journal des progrès et des institut. méd., t. XII ; mais sur-tout dans le second n° du *Mémorial des Hôpitaux du midi et*

de la Clinique de Montpellier (*a*) ; la bonne analyse de l'ouvrage du Professeur RUST, de Berlin, ayant pour titre : *ARTHROCACOLOGIE, ou Traité des luxations par cause interne, et de l'efficacité, du mode d'action et d'emploi du fer rouge dans ce genre d'affections.*

(105) Voyez, dans SANDIFORT, la description de cinq cas de ce genre, dont les pièces anatomiques se trouvent dans le Musée de Leyde ; la description d'une pièce anatomique déposée par DAUBENTON dans le cabinet du Roi ; la dissertation de SCHUPKE (*b*) ; les ouvrages cités de M. BOYER et de RUST.

Dans un des cas décrits par SANDIFORT, la luxation de la première vertèbre sur la seconde avait amené l'une d'elles du côté droit et l'autre du côté gauche, de manière à ne laisser le canal libre, que dans l'étendue de six lignes. DU VERNEY a vu un fait analogue, ne différant de celui-ci qu'en ce que le déplacement s'était fait d'*avant en arrière*. = On trouvera dans le Conservatoire de notre Faculté, une pièce anatomique donnée par M. le Professeur DELMAS, présentant une ankylose des vertèbres cervicales supérieures,

(*a*) Pag. 81-98, mais principalement les pag. 93 et suiv.

(*b*) *De luxatione spontanea atlantis et epistrophei ; Berol.* 1816. Dissertation que SAM. COOPER cite comme *intéressante*, et accompagnée d'une gravure.

dont la luxation, par cause interne, n'a pu s'opérer qu'avec une distension et une compression de la moelle très-considérables, mais qui ont dû se faire peu à peu et d'une manière insensible.

(106) Dans divers mouvemens brusques du cou, la luxation de l'articulation *occipito-atloïdienne* étant impossible par cause externe (*a*), c'est sur-tout dans l'articulation *atloïdo axoïdienne* que les efforts se font ressentir.

1° Dans une forte flexion de la colonne cervicale, l'apophyse odontoïde peut s'enfoncer dans la moelle épinière, *après avoir rompu ses ligamens suspenseurs et le transverse.* Mais il arrive plus communément que la fracture de cette apophyse a lieu à sa base : c'est là ce qu'on a vu dans certaines provinces, où les exécuteurs des hautes œuvres faisaient peser leur corps sur l'occipital de ceux qu'ils pendaient. Une chute sur la tête, et même sur les pieds, peut aussi être suivie de ce résultat. A la suite d'une chute sur les pieds, le Docteur Branca a observé la *fracture de l'apophyse odontoïde*, avec *déchirure du ligament vertébral commun antérieur interne* (*b*).

2° Si la rotation de la tête, à droite ou à

(*a*) Boyer, Sam. Cooper, Dict. cit., etc.

(*b*) *Annali di Medicina*, *t. XLI*, *p.* 5. Voy. Bulletin des Sc. de M. De Férussac, part. médic., novembre 1829.

gauche, vient se joindre à la flexion en avant de la même partie, l'apophyse odontoïde, *ayant rompu ses ligamens suspenseurs,* peut s'échapper par les côtés du petit arc de l'atlas, *sans rompre le ligament transverse*, et causer la mort aussi promptement que dans le cas précédent : c'est ce dont LOUIS s'est convaincu dans ses recherches (*a*).

3° Chez les enfans, dans les mouvemens de ce genre, l'*apophyse peut passer directement en arrière sous le ligament transverse sans le rompre, ni sans se fracturer elle-même.*

Dans l'enfance, les ligamens suspenseurs sont plus longs ; ils sont, en outre, ainsi que le transverse, moins consistans ; l'apophyse odontoïde, plus courte, moins développée, est souvent cartilagineuse en partie, et aussi plus susceptible de plier sans se rompre.

Dans l'observation de J.-L. PETIT, reproduite par MAUCHART (*b*), M. BOYER et SAM.

(*a*) Dans un *Mémoire sur une question anatomique, relative à la jurisprudence, dans lequel on établit les principes pour distinguer, à l'inspection d'un corps trouvé pendu, les signes d'un suicide d'avec ceux de l'assassinat ;* Paris 1683, in-12 : ce chirurgien a cru, mais à tort, que *la luxation des vertèbres du cou n'avait jamais lieu chez un homme qui se pendait lui-même* : ÉLOY a vu la preuve du contraire (1).

(*b*) Dissertation citée.

(1) Dict. de méd., art. LOUIS.

COOPER, au sujet d'un enfant qui mourut pendant qu'on le soulevait avec les deux mains placées l'une sous la mâchoire, l'autre sous l'occipital; je serais tenté de croire qu'il s'était plutôt fait une fracture de l'apophyse odontoïde que toute autre chose.

(107) DESAULT parlait quelquefois à ses élèves d'un jeune homme qui, s'étant tourné brusquement, dans un moment d'impatience, était resté la tête inclinée dessus l'épaule. CHOPART a vu aussi un individu dans la même situation, par l'effet d'un mouvement analogue.

DESAULT refusa, devant PEYRILHE, de réduire une luxation de ce genre, parce qu'il n'ignorait pas que la mort pouvait être la suite des tentatives qui doivent nécessairement être faites. Cependant il paraîtrait, d'après LÉVEILLÉ (*a*), que ce même chirurgien aurait été moins prudent, et néanmoins heureux, dans d'autres circonstances.

On trouve, dans les mélanges de chirurgie de SCHMUCKER, une observation de SETTIN, sur *la luxation en arrière, du corps des vertèbres du cou qui suivent la seconde*. Ce fait a été reproduit dans le Journal de chirurgie de DESAULT et dans le Dictionnaire de chirurgie de SAM. COOPER.

Dans le cas de *luxation de la septième vertèbre*

(*a*) Nouvelle Doctrine chirurgicale, t. II, p. 62.

cervicale, observé par C. Bell, et dont Sam. Cooper ne parle qu'avec une sage réserve, il existait une fracture avec carie, probablement par cause interne.

Quant à l'observation de Rudiger (a), sur une prétendue *luxation de la douzième vertèbre dorsale*, il est aisé de voir, dans sa rédaction même, des preuves de son peu d'authenticité. La fracture des lames postérieures a dû paraître une luxation, parce qu'on a mal observé. Nous avons vu, M. Pourché et moi, la fracture de deux apophyses épineuses du dos, sans symptômes alarmans, du moins dans la moitié inférieure du corps, chez un nommé Évrard, à l'occasion de deux chutes qu'il fit coup sur coup : l'une de quarante-cinq pieds de haut sur le dos, l'autre de sept pieds de hauteur sur la tête. Il ne reste plus à ce plâtrier qu'une fracture non réunie du corps de la mâchoire ; fracture qui paraît avoir été l'effet d'une forte contusion sur l'une des branches de cet os, et qui aurait été facilement guérie, pour peu que le malade eût voulu suivre les conseils que nous lui avions donnés. Si le corps des vertèbres avait été luxé, il y aurait eu bien certainement, tant dans ce cas que dans celui de Rudiger, quelque paralysie de la moitié inférieure du corps.

(108) Cette incurvation latérale de l'épine,

(a) Voy. Desault, Journ. de Chir., t. III, p. 59.

dépendant uniquement d'un spasme tonique permanent des muscles d'un côté du tronc, s'était manifestée à la suite d'une suppression des règles. On verra aussi l'histoire de cette maladie singulière dans ma *Décade médico-chirurgicale.*

Il existe un certain nombre de faits bien constatés, ayant pour sujets des contractures ou des incurvations de ce genre, qui quelquefois même ont persisté plus ou moins après la mort.

Pouteau a vu une saillie du sternum qui ne tenait qu'à l'action musculaire (*a*). Une des formes de l'affection spasmodique de la D[lle] D*** citée à la page 95, peut être ici rappelée.

D'autre part, on a vu des individus rester courbés pendant long-temps, se redresser parfaitement à leur mort : j'ai vu plusieurs cas de ce genre.

Sauvages a même vu la rectitude du corps ne se rétablir, chez un sujet, après la mort, que *quand les muscles droits abdominaux* eurent été *coupés.*

(109) Dans la maladie appelée par le Prof[r] Rust *spondylarthrocace*, la luxation du corps des vertèbres est suivie d'ankylose. M. le Prof[r] Delpech nous a fait remarquer, sur des sujets morts du mal vertébral de Pott, des *productions osseuses nouvelles*, soutenant et maintenant en

(*a*) Œuv. posth., t. I, p. 560.

place les corps de plusieurs vertèbres, dont la substance osseuse avait été presque entièrement détruite. On doit, ce me semble, considérer la production de cette substance osseuse comme un véritable effort médicateur.

Les vertèbres des vieux chevaux sont souvent ankylosées par des stalactites osseuses (*a*). Ce défaut de flexibilité de l'épine donne à leurs allures une dureté dont le cavalier ne peut que se ressentir.

(110) J'ai décrit en peu de mots le monstre double, dont les individus sont unis l'un à l'autre par les ischions, et qui a fourni à M. le Prof[r] DUBRUEIL l'occasion de créer un nouveau genre (*Ischiadelphes*).

Comme exemple de bifurcation supérieure de l'épine, j'ai cité les deux filles hongroises (JUDITH et HÉLÈNE), dont le corps, unique jusqu'au nombril, était double par les parties supérieures (*b*).

(*a*) On peut en voir un exemple dans le Conservatoire de la Faculté.

(*b*) Voyez leur histoire singulière dans les œuvres de BUFFON. = Quoique le système sanguin fût commun chez elles, leur caractère était loin d'être le même : elles n'étaient presque jamais d'accord. Elles furent baptisées sous des noms différens, et vécurent plus de vingt ans. A cette époque, l'une d'elles tomba malade, mourut et força nécessairement sa sœur à la suivre.

Existe-t-il des monstres triples, quadruples, etc., etc.? LICETI (*a*) a représenté un monstre à deux pieds, mais à sept têtes et autant de bras! BARTHOLIN (*b*) parle d'un monstre qui expira après avoir poussé des cris horribles. BOREL (*c*) fait mention d'un chien à trois têtes qui rappelait fort bien le cerbère des anciens Payens. BORDENAVE (*d*) a vu aussi un monstre provenant de la réunion de trois fœtus.— HALLER, CHAUSSIER, J.-F. MECKEL et M. ADELON, ne sont nullement disposés à regarder ces monstruosités comme possibles, je ne sais trop pourquoi : la Nature me paraîtrait, même dans ses écarts, beaucoup plus puissante que ces auteurs ne se l'imaginent.

(111) Par cela même que, chez l'enfant, le diamètre antéro-postérieur de la poitrine l'emportant sur le latéral, est cause que la forme de cette cavité s'approche davantage de celle du thorax des quadrupèdes ; l'*adulte seul* est regardé comme *décidément bipède* par BARTHEZ. Le sentiment de ce physiologiste sur ce point, est encore renforcé par la position qu'affectent les omoplates chez l'enfant : ces os beaucoup plus en dehors et un peu en avant, sont en effet

(*a*) *De monstris; Patavii* 1668, *in-4°*, *fig.*, *pag.* 192.

(*b*) *Histor. rar.*, *cent.* 6, *obs.* 49, *p.* 278.

(*c*) *Hist. et obs. medico-physic.*, *cent.* 2, *obs.* 83.

(*d*) Mém. de l'Acad. roy. des Sc., ann. 1776, p. 210.

bien plus favorables à la marche quadrupède (*a*).

(112) Le sternum sert de point d'appui à l'extrémité antérieure des côtes, dont il règle les mouvemens. Ces *arcs osseux*, s'ils eussent été flottans, n'auraient pas manqué de blesser des organes dont les lésions peuvent être très-fâcheuses. La Peyronie a vu chez une fille dont le sternum manquait, les extrémités libres des côtes comprimer quelquefois le cœur et causer des syncopes alarmantes.

(113) Il est naturel de craindre d'abord que les parois de la poitrine, faites de bandes alternativement *osseuses* et *musculaires*, ne défendent que faiblement les organes qu'elles entourent, quoiqu'elles soient fortifiées par des masses de muscles assez considérables dans certains points. Mais n'oubliez pas, 1° que les organes de la poitrine sont moins importans que ceux du crâne ; 2° que le cœur dont les blessures sont souvent, mais non toujours, mortelles, est environné par les poumons comme par un rempart ; 3° que les blessures et les déperditions de substance de ces derniers ont été souvent très-considérables, sans entraîner la mort à leur suite ; 4° enfin que leur souplesse, leur légèreté, le poli de leur surface toujours lubrifiée, leur permettent souvent d'éviter, en

(*a*) Voy. la note (100), pag. 155.

cédant, les corps vulnérans qui pénètrent et traversent même de part en part la cavité qui les renferme.

Il n'est pas de chirurgien militaire qui n'ait vu des coups d'épée traversant la poitrine de part en part, guérir avec beaucoup de facilité et dans peu de temps. RAVATON (*a*) a vu un coup d'épée à travers la poitrine, dont l'*entrée était à côté du mamelon droit, et la sortie entre la quatrième et la cinquième des vraies côtes du côté gauche*, guérir complètement en 18 *jours*. Mais le fait le plus étonnant que je connaisse dans ce genre, est celui qui a été publié par les journaux anglais et répété par ceux de toutes les nations en 1814. On se souvient sans doute de ce personnage de Londres, dont un bras de cabriolet garni de métal traversa de part en part la poitrine, en forçant successivement deux espaces intercostaux opposés : et qui, *un mois après, se ressentait à peine de son accident....!*

(114) Dans l'inspiration, la partie moyenne des côtes est portée *en dehors ;* l'extrémité antérieure *monte ;* et le sternum lui-même est porté *en haut et un peu en arrière ;* chez un homme étendu sur une table, la face et la poitrine tour-

(*a*) Chirurgie d'armée, ou Traité des plaies d'armes à feu et d'armes blanches, etc. Paris 1768, in-8°, fig. pag. 479.

nées en bas, *le cou et les épaules s'abaissent constamment pendant l'inspiration.*

Le mouvement des côtes doit être rapporté à la *rotation de ces os autour de l'axe de leur col* (Barthez), et non à un mouvement analogue à celui d'un arc, autour d'un axe que représenterait sa corde. Par la *rotation autour de l'axe du col* tout s'explique : *partie moyenne des côtes en dehors ; extrémité antérieure en haut; redressement des cartilages ; sternum en haut et en arrière ; agrandissement des espaces intercostaux dans l'inspiration* (*a*).

Prochaska a fait une observation qui prouve, d'une manière directe, ce qui a été avancé sur le mouvement du *sternum*. Chez un homme dont le sternum, ouvert de haut en bas, laissait voir les mouvemens du cœur, il a vu *les lèvres de la division*, *s'écarter* au lieu de se *rapprocher*, dans

(*a*) Si nous considérons, par abstraction, la partie moyenne de deux côtes qui se suivent, et les deux fibres obliques qui bornent en avant et en arrière un des plans musculaires formés par les intercostaux ; nous serons forcé de reconnaître que ce *quadrilatère*, *rhomboïde* après l'expiration, tend à devenir *rectangle* par l'effet de l'inspiration. Je ne sais comment M. Richerand a pu voir que dans une *grande inspiration*, « les muscles intercostaux se « *contractent*, et *rapprochent les côtes entre lesquelles ils* « *sont placés* (1). »

(1) Nouv. élém. de Physiol., t. I, p. 427.

l'*inspiration*. Pourra-t-on dire encore que pendant l'*inspiration* le sternum est poussé en *avant* comme beaucoup d'auteurs l'assurent ?

(115) L'allongement des mâchoires, très-considérable chez un grand nombre d'espèces, exige que les muscles qui meuvent le maxillaire inférieur soient plus forts ; que la fosse zygomato-temporale, qui loge ceux-ci, soit plus étendue, plus profonde ; et que l'apophyse zygomatique soit elle-même plus convexe en haut, et plus déjetée en dehors. Ces changemens qui commencent à se manifester chez le Nègre, sont poussés très-loin chez l'ours. Voilà pourquoi l'on a pu établir que le degré de férocité des animaux était en rapport avec l'ouverture de la fente sphéno-maxillaire.

Il est aisé de sentir encore, que si, chez les animaux dont la tête a son plus grand diamètre presque perpendiculaire à l'horizon, les mâchoires viennent à se prolonger ; le ligament cervical postérieur, et les muscles de la partie postérieure du cou, doivent être nécessairement beaucoup plus forts : ils ne suffiraient pas, sans cela, pour maintenir, ou pour mouvoir un levier du premier genre, que la longueur du bras de la résistance aurait rendu si désavantageux.

(116) Camper a remarqué, le premier, que le menton, très-marqué chez les Européens, tend à s'effacer chez les Nègres, et disparaît

complètement chez les singes. On regarde chez nous le défaut de menton comme une monstruosité. « Cette défectuosité peut résulter de « la brièveté ou du défaut de développement de « l'os maxillaire inférieur, ou de son absence « complète. Quelques auteurs ont cité des exem- « ples de cette dernière espèce de monstruosité, « et entre autres SCHUBARTH, WALTER, « HALLER (*a*). »

PINEL a remarqué que l'apophyse zygomatique, à peu près horizontale chez l'homme, était *convexe en bas* chez les herbivores, et *convexe en haut* au contraire chez les carnivores.

Cette disposition de l'apophyse zygomatique est en rapport avec le développement des muscles qui meuvent la mâchoire, et la résistance que les dents doivent surmonter. L'apophyse zygomatique convexe en bas, sans inconvéniens chez les herbivores, n'aurait pas manqué de se fracturer très-souvent chez les animaux carnassiers, chez lesquels elle aurait conservé cette même disposition.

(117) L'articulation temporo-maxillaire n'est comparable à aucune autre. Celle d'un côté gêne nécessairement les mouvemens de celle du côté opposé. L'éminence articulaire est un condyle oblique de dehors en dedans, et d'avant en ar-

(*a*) MARJOLIN, Dict. de Méd. en 21 vol. (Menton.)

rière, et non une portion de sphère. Dans l'abaissement de la mâchoire, le déboîtement des condyles a lieu ; ces éminences sont séparées du temporal par un fibro-cartilage intermédiaire : aucune diarthrose orbiculaire ne présente une disposition semblable.

BICHAT reconnaît que cette articulation diffère de la diarthrose orbiculaire en ce qu'elle a la *rotation de moins*.

(118) Il résulte des idées que M. LORDAT a exprimées, dans le § VI de ses *observations sur quelques points de l'anatomie du Singe vert* :

1° Que comme l'a remarqué FERREIN, *le centre du mouvement de la mâchoire n'est point dans les condyles, mais que ceux-ci se portent en avant, tandis que le centre de rotation est à la partie moyenne des branches ;*

2° Que BARTHEZ, le seul des auteurs connus par M. LORDAT, qui se fût jusqu'alors occupé du mécanisme par lequel s'opère le déplacement des condyles, avait *soupçonné que le mouvement des condyles en avant était dû à l'action combinée des muscles ptérigoïdiens externes et abaisseurs du menton ;*

3° Que M. LORDAT a été forcé de chercher à se rendre raison de ce phénomène, en ayant recours à une autre explication, du moment qu'il l'a vu s'exécuter tout aussi bien dans un cadavre que chez le vivant ;

4° Enfin, que ce mouvement de bascule de la mâchoire dépend de la suspension de cet os par le ligament presque inextensible que WINSLOW a appelé *intermaxillaire*, comme M. LORDAT l'a très-bien reconnu par les expériences qu'il a faites, et à la suite desquelles il a même soupçonné que la *résistance du ptérigoïdien interne et du masséter avait sa partd ans la production de ce phénomène.*

(119) Il suit de ce qui a été indiqué, dans la note précédente, que l'orifice du conduit dentaire inférieur s'approche de beaucoup des points par lesquels passe l'axe du mouvement de la mâchoire. Ce mouvement de bascule du maxillaire inférieur présente plusieurs avantages.

1° La parotide ne saurait être nullement comprimée : à mesure que, dans l'abaissement de la mâchoire, l'angle de cette partie porté en arrière pousse cette glande par en bas, le déboîtement du condyle agrandit l'espace qui la reçoit supérieurement. C'est sur cette observation que reposent les idées de BORDEU sur les fonctions des glandes (*a*).

2° Les vaisseaux et les nerfs dentaires ne sont nullement exposés à être tiraillés, et ils n'au-

(*a*) Recherch. anatom. sur la position des glandes et sur leur action. Paris 1751, in-12, p. 48 et suiv.

raient pas manqué de l'être, si l'articulation de la mâchoire eût été un ginglyme.

3° Enfin, quand la mâchoire est abaissée, elle ne saurait s'élever sans favoriser l'exécution des fonctions respectives des dents incisives et molaires.

(120) Comme l'a dit M. Lordat, dans un de ses Cours, il est infiniment probable, que le craquement des doigts dépend de la rupture de la colonne de synovie, qui se forme et s'amincit dans son milieu avant de se rompre, lorsque l'on écarte les surfaces articulaires l'une de l'autre. L'enfoncement circulaire de la peau cesse du moment que le bruit s'est fait entendre.

On produit un phénomène analogue, si, après avoir mis une goutte d'huile sur une table, on place sur le même point une boule de marbre, par exemple, qu'on éloigne peu à peu (*a*).

(121) Il faut reconnaître, avec les Physiciens,

(*a*) Bichat, cherchant l'origine de la synovie, a voulu prouver par des expériences dans lesquelles il a détruit la moelle, que ce n'était point ce corps gras *contenu exclusivement dans les os longs*, qui fournissait le fluide onctueux des articulations mobiles.

Je suis étonné qu'il ait pu seulement soupçonner que l'organe médullaire fournissait la synovie ; lui, qui savait fort bien que la moelle n'*est que dans les os longs ;* et que cependant l'*articulation temporo-maxillaire a de la synovie, en tout semblable à celle des articulations des membres.*

que des surfaces analogues à celles que présente l'articulation du pied, peuvent exécuter deux espèces de mouvemens l'une sur l'autre.

1° Le glissement ordinaire, ou *mouvement de première espèce;* 2° le mouvement dans lequel les deux surfaces en rapport, se touchent successivement par tous les points qui se correspondent, mais sans le moindre glissement; ce qui constitue le *mouvement de seconde espèce.* C'est cette dernière espèce de mouvement qui est la véritable cause de l'entorse.

Parent a commis à ce sujet une erreur assez remarquable. Il regardait les mouvemens ordinaires des articulations, comme des mouvemens de *seconde espèce;* et il appelait *mouvement contre-nature*, auquel il rapportait l'entorse, le glissement des surfaces l'une sur l'autre: tandis que le contraire est précisément ce qu'il faut admettre.

(122) Voici quelles sont, sur la diarthrose orbiculaire, les erreurs de Bichat, que je ne pouvais qu'indiquer dans le Discours.

1° « Ce genre d'articulation, dit-il, très-« éloigné de la partie du membre immédiate-« ment en butte à l'action des corps extérieurs, « *échappe plus facilement aux luxations* aux-« quelles le dispose son peu de solidité (*a*). »

(*a*) Anat. génér., t. III, p. 54.

Ce passage est on ne peut pas plus inexact. Voici comment s'exprime SAM. COOPER : « Les « articulations *orbiculaires*, qui permettent les « mouvemens dans tous les sens, sont celles qui « sont les *plus exposées aux luxations ; l'arti-« culation de l'humérus avec l'omoplate est de « ce genre.* Les ginglymes, au contraire, qui « ne permettent des mouvemens que dans deux « directions, sont, comparativement aux pre-« mières, *très-rarement luxés* (*a*). »

On ne citerait pas un seul chirurgien de réputation, qui ne fût du sentiment de SAM. COOPER sur ce point.

2° Après avoir présenté les articulations supérieures de l'humérus et du fémur, comme des articulations en quelque sorte *de tout le membre*, BICHAT ajoute : « aussi l'ankylose de « ces articulations rend-elle le membre *com-« plètement inutile....* (*b*). » Cette proposition est tout aussi peu exacte que l'autre : je vois très-souvent un jardinier du *Carré du Roi*, dont les deux fémurs sont ankylosés avec les cavités cotyloïdes, qui se berce, il est vrai, en marchant, mais qui néanmoins *marche presque aussi vite et aussi sûrement qu'un autre.*

3° Dans l'étude des mouvemens du fémur,

(*a*) Dict. de Chirurg. prat., t. II, p. 89.
(*b*) Anat. génér., t. III, p. 55.

ne confondez pas, comme l'a fait Bichat, *les mouvemens autour de l'axe du col*, avec ceux qui s'exécutent *autour de l'axe du corps de l'os.*

4° Bichat prétend aussi (*a*) que, *sans un col oblique*, la *rotation serait nulle* dans les os; et cette proposition n'est pas plus juste que les précédentes. Le radius exécute des mouvemens de rotation sur la petite tête de l'humérus, quoique l'axe de son col soit presque confondu avec celui de l'os; et le scaphoïde qui exécute des mouvemens de rotation sur l'astragale, *n'a point de col.*

5° Enfin, Bichat pense encore que, dans les *diarthroses orbiculaires*, l'étendue du mouvement tient à la longueur du col de l'os; ce qui est évidemment une autre erreur. Les mouvemens de l'humérus sont-ils plus *bornés* que ceux du fémur? Il a cependant son col plus *court* que celui de ce dernier.

Dans les articulations dont il s'agit, l'étendue des mouvemens dépend: 1° de la convexité de la tête de l'os; 2° de la manière dont elle est reçue; 3° des ligamens qui la maintiennent: et nullement de la longueur des cols.

(123) Quoique la vie soit plus obscure dans les os, que dans la plupart des autres organes, le système qu'ils constituent se ressent néan-

(*a*) Anat. génér.; t. III, p. 56.

moins d'un grand nombre d'affections soit aiguës, soit chroniques, dont nous pouvons être atteints.

AMB. PARÉ avait déjà remarqué que la petite-vérole et la rougeole intéressaient les os ; et tout le monde sait que certaines maladies chroniques, telles que le cancer, la syphilis, le scorbut ; les cachexies séreuses, bilieuses, etc., affectent ces organes. Beaucoup d'auteurs ont vu, ainsi que BICHAT, les os plus ou moins jaunes dans la *jaunisse*.

L'influence de la nature des dernières maladies sur la putréfaction des os, a été sur-tout appréciée lors de la violation des tombeaux de nos Rois à St.-Denis. HENRI IV fut facilement reconnu par tous ceux qui avaient vu son portrait ; TURENNE n'était nullement altéré ; LOUIS XIV était très-bien conservé ; mais le *GRAND-DAUPHIN* était *en putréfaction liquide*. Or, on sait que le premier fut assassiné ; que le second mourut d'un coup de canon ; que le troisième, mort vieux, avait constamment joui d'une bonne santé ; tandis que le dernier avait succombé à la *petite-vérole*.

En remontant plus haut, on trouva le *squelette* de BERTRAND DU GUESCLIN *intact, sa tête bien conservée, les os tout-à-fait desséchés et très-blancs* : on n'ignore pas qu'il *fut tué* en 1380, au milieu de ses triomphes, au siége de Châteauneuf-de-Randon, dans le Gévaudan.

PHILIPPE-LE-BEL fut aussi trouvé très-bien conservé ; *son squelette était tout entier;* et, comme on le sait, il était mort en 1314 à Fontainebleau, à la suite d'une chute de cheval, selon quelques historiens ; et victime de la violente affliction que l'inconduite de ses trois belle-filles lui occasiona, selon d'autres, parmi lesquels se trouve MEZERAY(*a*). Quant à PHILIPPE-AUGUSTE, mort en 1223, par l'effet d'une fièvre-quarte qui probablement avait produit, comme elle le fait souvent, une cachexie séreuse : il n'était plus qu'un *amas de cendres.*

FRANÇOIS Ier, mort en 1547, c'est-à-dire 233 ans après PHILIPPE-LE-BEL, *était en pourriture et en putréfaction liquide, dont il se dégageait une odeur insupportable :* l'histoire a appris à tout le monde quelle avait été la nature de la dernière maladie de ce Roi (*b*).

(124) C'est le gonflement des cartilages de la cavité cotyloïde, ou de la tête de l'os de la cuisse,

(*a*) « Lui seul sentant approcher sa fin, *bien que les « médecins ne vissent aucun signe qui le menaçât....* (1) »

(*b*) Voyez, pour tous ces détails, *les notes historiques sur les exhumations faites en* 1793, *dans l'abbaye de St-Denis*, dans la *Description historique et chronologique des monumens de sculpture, réunis au Musée des monumens français ;* par ALEX. LENOIR.

(1) MEZERAY, Hist. de France, etc. Paris 1685, in-fol., t. II, p. 336.

ordinairement dépendant de la diathèse scrophuleuse, qui doit être regardé comme la *cause prochaine* de la maladie désignée par la dénomination de *luxation consécutive du fémur*. Il est infiniment probable que la *spondylarthrocace* du Professeur Rust, tient à une cause fort analogue, si elle n'est même absolument identique.

On ne doit pas confondre cette affection, comme on l'a fait quelquefois, avec le cancer qui atteint les articulations : les symptômes, la marche et la terminaison de ces deux états morbides sont tout-à-fait différens.

Lorsque le cancer frappe une articulation, il produit d'abord, le plus souvent, la soudure des deux surfaces articulaires, qu'il convertit ensuite en une substance homogène, prenant ordinairement l'aspect de la rave, et dans laquelle on ne retrouve plus aucune trace de l'articulation elle-même : c'est ce que j'ai pu bien observer, après avoir fait l'amputation d'un pouce dont les deux phalanges avaient été envahies par un cancer.

Mais dans la luxation spontanée de la cuisse, la cavité articulaire abandonnée s'oblitère, se cicatrise, comme on l'a vu dans beaucoup de cas, pendant qu'il s'en forme une nouvelle sur le point du bassin correspondant à la tête du fémur déplacée ; ou bien, la suppuration abondante, que l'altération des os occasionne, amène peu à peu le marasme et la mort.

Si, à la suite de cette maladie, la tête du fémur ou la cavité cotyloïde ont été trouvées cancéreuses, on n'a pu regarder cette circonstance que comme l'effet d'une complication, dont une autre diathèse, bien distincte de la scrophuleuse, était évidemment la seule cause.

(125) S'il y a des maladies qui ne portent que sur le corps des os, il en est aussi qui n'affectent que les cartilages.

Arétée avait remarqué que, quand la goutte se portait aux os de la tête, la douleur suivait très-exactement le trajet des sutures (*a*). Cela ne tiendrait-il pas à ce que le cartilage intermédiaire est alors le seul organe affecté ?

Dans le cas de friabilité des os, rapporté par Saviard, les cartilages étaient restés intacts ; tandis que, dans l'observation dont le capitaine Simorre est le sujet, on a sans doute remarqué que le corps des os n'avait subi aucune altération, quoique toutes les articulations eussent été ankylosées ?

Quant aux faits sur lesquels on voudrait établir la *sensibilité* des cartilages dans l'*état sain*, ce qui

(*a*) « ..... *Dolent capitis suturæ, et quid doleat ægrotus » ignorans indicat suturarum species obliquam, rectam, « transversam, posterius ac prius* (1). » Voyez aussi Barthez, Traité des maladies goutteuses, t. I, p. 9.

(1) *De signis et causis diuturnorum morborum*, *lib.* 2.

serait en opposition avec les expériences de HALLER, ils sont loin de me paraître des preuves satisfaisantes. Les douleurs, quelquefois très-fortes, qu'éprouvent les individus atteints de pierres dans les articulations, peuvent tout aussi bien être l'effet, soit d'une altération de la synoviale articulaire (BÉCLARD); soit d'une affection des cartilages, dont on ne tient pas compte; soit, enfin, de la distension des ligamens, produite par l'engagement du calcul entre les surfaces articulaires (*a*).

On objectera, peut-être, que le déchirement de la symphyse du pubis s'accompagne souvent d'une douleur. Mais les tiraillemens qui la précèdent n'ont-ils pas déjà affecté les fibro-cartilages? Mais l'état de grossesse n'a-t-il pas amené une altération de leur tissu, causée par la lymphe qui abonde alors dans toute la constitution, et dont ces organes fibro-cartilagineux se trouvent abreuvés?

Ces doutes prennent un peu plus de consistance, quand on se rappelle les idées de BARTHEZ sur les douleurs dont les ligamens sont le siége;

(*a*) Cette maladie paraît avoir eu quelque influence sur la mort de CHARLES-QUINT. « *No es muy raro que se* « *observen concreciones calculosas en las articulaciones de* « *los gotosos por la crasicie de la* sinobia. *El Emperador* « CARLOS-QUINTO *fué mártir de este afecto.* » *Operaciones de cirugia*, *etc.*; *por Don* FR. VILLAVERDE, *t.* 1, *p.* 306.

douleurs qu'il croyait incapables de se manifester, si ces organes n'avaient préalablement éprouvé un certain degré de ramollissement (*a*).

(126) Le passage de BICHAT est beaucoup trop saillant pour que je puisse me dispenser de le transcrire : « .... aussi les bons praticiens ont-ils « renoncé à ces *prétendues réunions par première* « *intention*, si vantées à la suite de l'amputation « à lambeaux (*b*). » On sait fort bien que, sans la réunion par première intention, la plupart des opérations qui donnent tant de lustre à la chirurgie de notre époque seraient absolument impraticables: il me suffira d'indiquer seulement les amputations à l'article, sur-tout celle de la cuisse ; la rhinoplastie ; la cheiloplastie ; l'ablation du corps cancéreux de la mâchoire inférieure ; ainsi que l'extirpation de tumeurs d'un très-grand volume (*c*) : pour que l'on doive être

(*a*) Voyez ce qui est dit là-dessus dans la note (128).

(*b*) Anat. génér., t. III, p. 135.

(*c*) Une des opérations de ce genre qui mérite d'être citée de préférence à toute autre, est sans contredit l'ablation de l'espèce d'éléphantiasis des bourses, formant une tumeur du poids de soixante-deux livres et demie, exécutée avec une grande habileté par le Professeur DELPECH ; et à la suite de laquelle, cet opérateur a donné aux organes de la génération, soigneusement séparés des tissus graisseux dégénérés dans lesquels ils semblaient ensevelis, des *bourses* et un *fourreau*, faits avec des lambeaux de peau que la Nature n'avait point destinés à cet usage.

aussitôt convaincu de la vérité de cette assertion.

(127) Quoique la faculté de se contracter d'une manière active soit faiblement marquée dans les ligamens, on ne saurait nier son existence dans ces organes, si l'on prend en considération certains faits bien constatés. Quand on force la roideur que présente l'articulation d'un cadavre, les ligamens sont incapables de revenir sur eux-mêmes pour serrer de nouveau les surfaces articulaires l'une contre l'autre ; tandis que l'on a vu le relâchement des ligamens, occasioné par l'effet des tortures, ne laisser presque aucune trace, au bout de quelque temps, dans les cas où le supplice n'avait pas été poussé trop loin.

(128.) On sait que HALLER n'a méconnu la sensibilité dont les ligamens sont susceptibles dans l'état pathologique, que parce qu'il n'avait fait ses expériences que sur des animaux sains.

Les idées de BARTHEZ, sur les conditions favorables au développement de la sensibilité des ligamens, ont trouvé ici leur place naturelle. Ce profond physiologiste pense que la douleur est alors le résultat d'un combat entre les *forces toniques*, qui tendent à maintenir les molécules en place, et la cause, quelle qu'elle soit, qui tendrait à les écarter. Selon BARTHEZ, le ramollissement préalable de ces organes serait aussi indispensable, pour que la douleur pût s'y manifester ; mais je n'ai pas cru devoir adopter son sentiment sur ce dernier point. Peut-on penser, en effet, que lorsqu'une douleur, rhumatismale ou goutteuse, passe rapidement d'une articulation à l'autre, il est indispensable qu'elle soit toujours devancée par un ramollissement dans l'organe dont elle doit s'emparer ?

(129) Nous ne percevons aucune sensation, sans que la membrane sentante sur laquelle les divers corps agissent, n'éprouve, par l'effet de la force motrice dont elle est douée, une modification dans ses tissus, qui soit en rapport avec la nature de ces corps et avec celle des perceptions corrélatives qui sont la suite de leur action. La *modification spéciale* de l'organe sensible est donc ici un intermédiaire, qui doit être regardé comme une condition de rigueur.

Il s'agit maintenant de savoir, si une modification déterminée de l'un de nos sens, que l'on saurait être produite ordinairement par l'action de tel ou tel corps, ne pourrait pas faire éprouver une sensation analogue à celle que cause la présence du corps lui-même, quoique ce dernier fût réellement absent. Or, au lieu de dire que cela est impossible, il me paraît beaucoup plus raisonnable de penser qu'il est infiniment probable que les choses se passent ainsi.

Charles Bonnet nous apprend que son aïeul croyait voir tantôt *un beau paysage*, tantôt *des statues*, tantôt *une armée qui défilait devant lui* : et comme il ne dormait ni ne délirait lorsqu'il voyait tous ces objets, il reconnaissait lui-même qu'il ne devait les rapporter qu'à une *erreur de la vision*.

M. Lordat a eu pour malade un individu, qui, à l'occasion d'une *goutte remontée* fixée sur la tête, croyait voir des *caractères d'imprimerie* sur tous les objets : les feuilles de papier blanc qu'on lui mettait sous les yeux lui paraissaient toujours imprimées.

On a vu des épileptiques, dont les attaques avaient été contrariées, être persuadés qu'ils suaient à grosses gouttes, quoique leur peau fût complètement sèche. On sait bien aussi que, dans certaines fièvres, les malades éprouvent ou une grande chaleur ou un grand froid, qui sont en opposition avec la température réelle de leur corps.

Mais il est un ordre de faits qui paraîtront sûrement des preuves plus directes.

Personne n'ignore qu'une fronde mise en mouvement nous fait apercevoir tout aussitôt un cercle ; qu'un tison ardent que l'on agite, nous représente parfaitement un ruban de feu. Ne faut-il pas que, dans ces circonstances, nous voyions encore l'objet là où il n'est plus ? Mais si nous le voyons encore dans le lieu où il n'est plus, n'est-ce pas la modification purement vitale de l'organe, qui, se dissipant moins vite que les corps ne se meuvent alors, doit être reconnue comme la seule vraie cause du phénomène dont il s'agit ?

(130) Quand on est médecin, on ne peut voir dans la goutte qu'une disposition pathologique générale ; une *idée morbifique*, si l'on ne craint pas d'employer le langage de VAN-HELMONT ; ou bien, une *Diathèse* spéciale, si l'on veut se servir de celui de la Doctrine médicale de Montpellier. Cette disposition générale consiste en une altération des solides et des fluides propre à cette affection, accompagnée d'oscillations fluxionnaires intimes, qui se dirigent vers les petites articulations des extrémités inférieures, dans l'attaque de goutte régulière.

Toutes les fois que la goutte est bien caractérisée, elle est incurable : nous ne pouvons alors employer contre elle qu'un traitement palliatif, dont le but doit être constamment de régulariser ses accès, c'est-à-dire, de fixer les mouvemens fluxionnaires sur l'articulation qui paraît être son siége spécial.

Il ne faut pas oublier que, dans la goutte régulière, 1° le *malaise général cesse* du moment que la *fluxion locale s'établit*; 2° que le retour de la douleur *qu'on a tort de regarder ici comme cause de la fluxion*, ne se fait ordinairement sentir qu'*après une rémission bien marquée*; 3° que le principal avantage de cette douleur, est de *fixer la fluxion dans le lieu qu'elle a pris pour terme :* ce qui fait que l'on regarde justement sa disparition, dans l'*état* de la maladie, comme un symptôme précurseur de ce qu'on appelle *goutte remontée.*

Par ce léger aperçu, il est aisé de se faire une idée de tout le mal que l'on peut occasioner en s'opposant à l'établissement de la douleur, ou en la faisant disparaître *mal-à-propos* quand elle s'est manifestée ; et de reconnaître, dans ces cas, le danger des applications de sangsues, et de l'usage de l'opium à l'intérieur ou à l'extérieur, ainsi que celui d'un grand nombre d'autres médicamens, dont les effets tendraient vers le même but (*a*).

(131) VÉSALE paraît être le premier qui ait décrit cet organe, auquel il a donné le nom de ligament rond, *ligamentum teres* (*b*) ; et presque

(*a*) On fait souvent beaucoup de mal, parce qu'on ne distingue pas, dans la pratique, la simple *maladie*, de l'*affection*. Comme la nature du traitement le plus convenable découle de cette distinction importante, on s'expose, si on la méconnaît, à prescrire des traitemens, tantôt insuffisans, tantôt inutiles. Voyez, sur ce point fondamental de thérapeutique générale, l'excellent discours de M. le Professeur CAIZERGUES, ayant pour titre : *Des systèmes en Médecine, et de leur influence sur le traitement des maladies.* Montpellier 1827, in-8°, pag. 102 et suiv.

(*b*) ANDREÆ VESALII, *etc.; De humani corporis fabricâ, lib.* 7. *Basileæ* 1555, *in-fol.*, *fig.*

tous les anatomistes de nos jours, le regardant encore comme un ligament, lui ont conservé la même dénomination.

Cependant les MM. CALDANI, oncle et neveu, ont bien reconnu que ce prétendu ligament était un véritable *organe de nutrition* pour la tête et le col du fémur. Voici quelques faits qui pourront être ajoutés aux preuves qu'ils ont eux-mêmes données.

TABARRANI avait déjà remarqué que, chez une femme boiteuse dont le *col du fémur était peu développé*, le *ligament rond* de cet os était *détruit;* et SCHWENKE, cité par HALLER (*a*), paraît aussi avoir fait une observation analogue.

M. ROUBIEU a donné, au Conservatoire de la Faculté, un squelette dont les fémurs ont leurs cols et leurs têtes plus petits que dans l'état naturel. Mais une chose digne de remarque, c'est que d'un côté, *où le ligament rond avait été détruit*, la tête et le col du fémur étaient *plus petits* que du côté opposé, où ce ligament existait encore, quoiqu'il fût peu développé.

Si les ligamens ronds manquent par l'effet d'un vice de conformation primitive, la tête et le col de ces os sont beaucoup plus petits encore.

Enfin, à la suite des fractures du col du fémur,

(*a*) *Bibliotheca anatomica*, *Tiguri* 1774-77, 2 *vol. in*-4°.

il ne se fait point de productions osseuses ou ligamenteuses du côté du fragment supérieur, *si le ligament rond a été rompu* ; la tête, complètement libre alors s'atrophie, diminue peu à peu de volume, et peut même quelquefois disparaître entièrement par l'effet de l'absorption.

On doit donc conclure, que le prétendu ligament rond du fémur est un *organe de nutrition* qui remplit, par rapport à la tête et au col de cet os, les fonctions du périoste. Ce dernier organe, qui paraît spécialement chargé de favoriser la nutrition, ne saurait parvenir même jusqu'au col de l'os de la cuisse, puisque la capsule ligamenteuse de l'articulation iléo-fémorale ne peut nullement le permettre.

(132) Il ne doit être ici question que des dégénérations propres au tissu musculaire, et nullement de celles qui, comme le *cancer,* atteignent indistinctement tous les organes.

Les altérations du tissu musculaire peuvent se rapporter aux suivantes :

1° Les muscles sont susceptibles de devenir *graisseux* de deux manières.

Le tissu de ces organes restant le même, les fibres qui le composent peuvent être écartées les unes des autres par des amas de graisse, qui quelquefois même forment des couches plus ou moins épaisses, enveloppant un ou plusieurs muscles dans leur totalité. C'est là ce qu'Aristote semble avoir désigné, en disant que, si les animaux « ont une nourriture fort abondante, la graisse prend la place des chairs (*a*). » KERKRING, BONET et MORGAGNI (*b*), ont vu le tissu musculaire du cœur dans cet état (*c*).

Dans d'autres circonstances, ce sont les fibres musculaires elles-mêmes qui présentent cette dégénération: HALLER, VICQ-D'AZYR et CORVISART, ont trouvé des muscles ainsi altérés. J'ai vu moi-même le *biceps* et le *demi-membraneux de la cuisse convertis en graisse*, sur un des cadavres que j'ai disséqués à la Faculté de Médecine, en qualité d'élève de l'École-pratique.

Mais le fait le plus curieux dans ce genre est, sans contredit, celui de VICQ-D'AZYR, qui a vu cette dégénérescence du tissu musculaire dans presque tous les muscles d'une extrémité inférieure (*d*).

Une circonstance bien digne de remarque, c'est que, au milieu de cette dégénération du tissu musculaire, VICQ-D'AZYR observa que l'artère principale du membre était devenue *osseuse en plusieurs endroits*.

(*a*) Hist. des animaux, trad. par CAMUS, livr. 3, ch. 16.

(*b*) *De sedib. et caus. morb.*

(*c*) LEUWENHOEK et ALBINUS ont vu la graisse se comporter de la même manière par rapport aux tendons.

(*d*) Voy. ses œuv., édit. MOREAU; Paris 1805, t. V, p. 567 et suiv.

Corvisart, qui a vu quelquefois, chez des vieillards, les muscles jumeaux altérés d'une manière tout-à-fait semblable, a remarqué en outre, que ceux de ces organes qui environnaient les luxations non réduites, *étaient aussi sujets à ce mode d'altération* (*a*).

2° Les muscles sont susceptibles de se convertir en *tendons* ou en *aponévroses*, ce qui dépend de la forme qu'ils ont naturellement. Lieutaud a fait des observations de ce genre chez des vieillards.

Walter cite, dans son *Museum Anatomicum*, des exemples de *muscles convertis en tendons*. Il est infiniment probable aussi que, chez les pieds-bots un peu âgés, l'impossibilité de guérir dépend, non-seulement des ankyloses vraies qui ont pu s'établir, mais encore d'une altération du tissu des muscles, analogue à celle dont il s'agit ici.

Lieutaud a vu les muscles droits abdominaux convertis en *membranes fibreuses*, dans l'étendue de plus d'un pouce, chez un chapelier qui avait contracté l'habitude de travailler en appuyant la région épigastrique contre le bord d'une table (*b*).

3° Corvisart a vu le ventricule gauche du

(*a*) Essai sur les maladies et les lésions organiques du cœur et des gros vaisseaux; Paris 1818, in-8°, pag. 179.

(*b*) *Hist. anat. medic.*, *etc.*, *t. II*, *p.* 329.

cœur former « une boîte charnue, très-élastique,
« et résonnant, quand on la frappait, de même
« que si on eût frappé une espèce de cornet. »
Ces fibres musculaires avaient leur couleur et leur aspect ordinaire, « et cependant, en les « entamant, le scalpel éprouvait une résistance « insolite, et faisait entendre un bruit de crépi- « tation singulier (*a*). »

(133) Malgré tous les travaux des physiologistes de notre époque, nous ne sommes guère fixés sur le siége de la *volition* : et l'on voit des autorités, également recommandables, être diamétralement opposées sur la désignation des fonctions d'un même organe encéphalique. Rien n'est plus difficile que de mettre d'accord MM. Rolando, Flourens, Magendie, Bouillaud, etc., etc.

« Voyez, par exemple combien d'opinions « diverses sur les fonctions du cervelet! » s'écrie avec raison, M. Adelon (*b*) : « Organe de la « musique et siége de la sensibilité générale, « selon Willis et MM. Foville et Pinel « Grand-Champ, c'est en lui que se développe, « selon M. Gall, l'instinct de l'amour physi- « que ; il est, pour M. Rolando, un appareil « électro-moteur, destiné à sécréter le fluide « qui fait contracter les muscles ; MM. Rolando

(*a*) Ouv. cit., p. 167.

(*b*) Physiol. de l'homme, 2e édit., t. II, p. 46.

« et BOUILLAUD en font l'organe de l'équilibra-
« tion et de la progression des animaux ; les
« anciens Médecins Grecs et Arabes y plaçaient
« la mémoire ; MALACARNE y faisait résider
« l'intelligence ; WALSTORFF en a fait l'organe
« du sommeil ; enfin, il préside, selon M. MA-
« GENDIE, à tous les mouvemens en avant (a). »
Ab uno disce omnes.

(134) M. ADELON m'a paru ensuite tomber dans l'erreur, quand il a pensé que la *volonté* était aussi nécessaire aux *mouvemens*, que l'*impression des corps* l'était elle-même aux *sensations ;* ce qu'il rend de cette manière : « D'ailleurs,
« n'avons-nous pas dit que la volition était dans
« la locomotion, ce que l'action d'impression
« était aux sensations (b). »

Je reconnais bien que, comme le dit ce physiologiste (c), « une volonté est le principe de tout mouvement volontaire...... » ; mais comme il existe un grand nombre de *sensations fantastiques*, il est aussi une foule de *mouvemens involontaires.*

Le somnambulisme ; beaucoup de mouvemens purement automatiques ; les synergies acquises,

(a) Si l'on a jamais vu un canard dont on venait de couper le cou, s'*enfuir en marchant à reculons*, ce n'est bien certainement pas ce qui arrive le plus souvent.

(b) Ouv. cit., t. II, p. 32.

(c) Ouv. cit., t. II, p. 25.

etc. : nous fourniraient de nombreuses preuves de cette assertion, si je ne pensais pas qu'elles sont inutiles.

(135) Il est généralement reconnu que les passions accroissent singulièrement les forces.

Je suis loin de regarder comme impossible que le fils de CRÉSUS, muet de naissance, fortement ému à la vue du danger que courait son père, ait pu parler alors pour la première fois, en s'écriant : « Arrête, soldat, ne porte point la main sur CRÉSUS ! » Mais comme malgré l'autorité d'HÉRODOTE, ce fait a été révoqué en doute (*a*), j'en citerai un autre bien plus récent et beaucoup mieux constaté.

Le fameux LARIVE était sur le point d'entrer en scène, quand il s'aperçut qu'une statue de marbre, qui avait été mal placée, ne manquerait pas de le gêner beaucoup. Dans le mouvement d'impatience que cette contrariété occasionne, il s'élance sur la statue, la *soulève* et la *transporte un peu plus loin*. Comme après la représentation on était étonné de la force extraordinaire dont il avait donné des preuves, LARIVE persuadé qu'il lui serait aisé de répéter ce qu'il avait déjà fait, saisit de nouveau la statue, en employant toutes ses forces ; mais il fut fort

(*a*) On a été même jusqu'à regarder CRÉSUS comme un personnage fabuleux. Voy. le Dict. histor. de FELLER.

étonné à son tour *de ne pouvoir pas seulement lui faire perdre terre.* La passion n'existait plus, et la statue pesait *quatre quintaux :* il fallut employer *cinq hommes* quand on voulut la changer de place.

Dans la théorie du mouvement musculaire qui a la combustion et l'électricité pour base, serait-il bien aisé de se rendre raison de cet accroissement des forces par l'effet des passions?

(136) Quoique la douleur qui accompagne la section des muscles soit moindre que celle que produit la section de la peau, elle est cependant assez vive : on ne peut qu'intéresser des vaisseaux, et l'on sait bien que leurs ligatures sont douloureuses. D'ailleurs la crampe, le rhumatisme et le tétanos, n'occasionnent-ils pas souvent de très-vives douleurs dans les muscles?

(137) Voyez ce qui a été déjà dit dans la note (31), page 92.

Les objections que se fait M. MAGENDIE, au sujet de l'absorption veineuse (*a*), sont loin de me paraître les plus fortes qu'on puisse lui opposer.

M. MAGENDIE a vu que les effets de deux grains d'*upas tieuté*, enfoncés dans la patte d'un chien, dont la cuisse ne tenait au tronc que par deux tuyaux de plume adaptés l'un à la veine et l'autre à l'artère principales, se manifestaient ordinai-

(*a*) Ouv. cit., t. II, p. 265 et suiv.

rement *après quatre minutes*, et causaient la mort *avant qu'il s'en fût écoulé dix*. Mais faut-il en conclure, avec lui, que c'est l'absorption veineuse qui est la vraie cause de ce phénomène ?

On a reconnu, dit-on, que l'*upas tieuté* ne causait la mort qu'en agissant sur la moelle épinière ; et l'on pourrait s'imaginer que, dans quatre minutes, le poison inséré dans la patte de l'animal pût arriver sur cet organe ! N'oublie-t-on pas combien est long le trajet que le poison doit parcourir, et combien la marche du sang dans le système veineux est lente ?

Si l'on réfléchit sur toutes les circonstances de la belle expérience faite par MM. Delile et Magendie, on sera forcé de la regarder comme une preuve très-forte en faveur des *sympathies par le seul intermédiaire du sang*.

(138) J'ai appelé synergie, *un concours d'actes simultanés ou successifs, tendant tous vers le même but, ce qui ne dépend nécessairement ni de la volonté, ni de la structure des organes.*

Les synergies ont été divisées en *synergies naturelles*, telles que celles de la toux, de l'éternuement, de la respiration, etc. ; et en *synergies acquises* : on en verra des exemples curieux dans la note (140). Je vous ai dit que les unes et les autres pouvaient être *perdues* par l'effet d'une foule de maladies ; et vous en trouverez des preuves dans la note (141).

Dans la considération du rapport des synergies avec la volonté, nous avons reconnu :

1° Que si quelques-unes d'entre elles, telles que la *locomotion*, dépendaient complètement de cette faculté, il en était d'autres qui ne lui étaient soumises que jusqu'à un certain point, comme la *respiration*;

2° Que, dans quelques circonstances, une impression seule suffisait pour les déterminer, sans que la volonté y fût pour rien : (déglutition de la salive pendant le sommeil);

3° Que lorsqu'on voulait réveiller des synergies, à l'aide d'impressions analogues à celles qui les produisent ordinairement, il n'était pas nécessaire que les individus eussent conscience des impressions que l'on faisait sur eux. (*Irritation du larynx* faisant cesser l'*asphyxie*; *déglutition* conservée, malgré la paralysie de la *sensibilité seule* de la gorge; déjections alvines, dans l'*épilepsie*, par la *seule irritation du rectum*.)

Cette vérité est encore mieux établie par la régularité des actes dans les accouchemens qui se sont faits spontanément après la mort. L'expérience a appris à Girard, sur ce sujet, ce que la seule force du raisonnement avait fait pressentir à Barthez.

(139) Les synergies vous ont été signalées comme pouvant être lésées:

1° *Par défaut de correspondance entre l'action*

des muscles des deux côtés du corps (Strabisme). Dans l'état normal, l'action du droit interne d'un œil, et celle du droit externe de l'autre, doivent se correspondre.

2° *Par la contraction de muscles qui, étrangers à une fonction déterminée, ne peuvent agir sans la gêner.* (Contraction de la glotte gênant la respiration d'un individu toutes les fois qu'il voulait parler; occlusion complète de la glotte menaçant de suffocation un autre individu, dans la même circonstance (Lordat).)

3° *Par la cessation de l'action de quelqu'un des muscles qui concourent à les produire.* (Immobilité du diaphragme dans les maladies, avec prostration des forces, étant cause que la respiration ne s'opère plus que par les seuls mouvemens d'élévation et d'abaissement des côtes.)

(140) J'appelle *synergie acquise, l'habitude qu'on a contractée d'exécuter certaines séries de mouvemens, qui nous met ensuite à même de les opérer avec la plus grande facilité, sans que la volonté ait autre chose à faire, que d'ordonner au premier de ces actes de s'effectuer.* Le parler sans faute, n'exigeant néanmoins aucune attention; le récit de choses apprises par cœur, pour lequel il suffit d'avoir prononcé le premier mot, etc., etc.: sont autant de *synergies acquises,* qui, comme on le voit, sembleraient dépendre d'une sorte de *mémoire corporelle.*

Les synergies acquises depuis long-temps deviennent alors presque des synergies naturelles.

Je connais deux dames qui lisent habituellement en tricotant leurs bas.

M. Lordat a vu une fille cataleptique continuer à tricoter son bas, lorsque l'attaque venait la surprendre pendant ce travail ; bien plus, on pouvait alors lui ôter son ouvrage, sans faire cesser pour cela le mouvement des mains qui était toujours le même. — Sauvages a vu, à l'Hôpital-Général, une fille cataleptique continuer à pétrir et à balayer, malgré l'attaque qui était venue la surprendre. Cette malade croyait quelquefois avoir songé dans ces circonstances : elle conservait un léger souvenir de ce qu'elle avait fait.

Dans le jeu de certains instrumens, tels que le piano ; dans l'escrime ; dans la danse, etc. : il est une foule de séries de mouvemens qui n'ont pas besoin d'un acte explicite de la volonté.

(141) Il ne faut point confondre, comme on ne l'a fait que trop souvent, la *perte des synergies*, avec le *défaut de mémoire* et la *paralysie*.

Aug. Broussonnet, dont le nom occupe un rang si distingué dans les fastes de la Botanique, éprouva la perte de plusieurs synergies à la suite de l'attaque d'apoplexie dont il fut frappé. Il n'y avait, chez lui, ni *paralysie* dans les organes de la prononciation, ni *perte de mémoire;* puisque il prononçait très-bien *chaque lettre prise séparément :* mais il *ne pouvait en aucune manière les lier entre elles pour en faire des mots.*

J'ai connu un Curé de Saint-Guilhem-le-Désert, qui, à la suite d'une attaque d'apoplexie, avait éprouvé une paralysie avec perte de plusieurs synergies. Une chose bien singulière, c'est que cet ecclésiastique, qui, avant sa maladie, parlait très-bien le *français*, le *latin* et le *languedocien*, ne put plus parler ensuite que ce dernier, quoiqu'il comprît toujours aussi-bien les deux autres. La facilité avec laquelle il lisait les deux premières langues était même telle, qu'il rendait sur-le-champ en languedocien les auteurs français ou latins qui lui tombaient sous les mains.

(142) MERCURIALIS n'a classé la *station*, parmi les exercices gymnastiques, que parce qu'il avait très-bien reconnu que les muscles avaient besoin de beaucoup agir, dans cette attitude. La *station* long-temps continuée fatiguerait peut-être plus que la marche.

Il aurait fallu que toutes nos parties fussent en équilibre dans la *station*, pour que l'action musculaire fût alors inutile ; mais la forme de la plupart des pièces du squelette rend cette condition impossible.

(143) « Quant au degré d'écartement des pieds « dans lequel la station est le plus assurée possi-

« ble, dit M. Richerand (*a*), on le détermine « par la longueur même de ces parties : lors- « qu'elles circonscrivent un carré parfait, c'est- « à-dire, lorsque *leur longueur étant supposée « de neuf pouces*, *chaque côté de la figure qua- « drilatère a cette étendue, la station est la plus « ferme qu'on puisse concevoir.* » Malgré cela, nous avons dû conclure, de tout ce qui a été dit sur ce point, que la *station* était d'autant plus solide, que la base de sustentation était elle-même plus étendue ; pourvu que l'écartement des pieds ne fût pas assez considérable pour nuire à l'action des muscles.

(144) Voyez le *Traité de la Peinture*, de Léonard de Vinci, édit. de Gault de Saint-Germain, Genève 1820, in-8°, fig., p. 240 et suiv. ; l'*Art de peindre. Poëme. Avec des réflexions sur les différentes parties de la Peinture* ; par Watelet. Paris 1740, grand in-4°, fig., p. 89.

M. Richerand a manqué d'exactitude, quand il a dit : « La station *est la mieux assurée possi- « ble*, quand *la ligne prolongée du centre de « gravité* du corps *tombe sur la base de susten- « tation*....... (*b*). » Il aurait dû voir, que ce qu'il désignait comme *propre seulement à rendre la*

(*a*) Ouv. cit., t. II, p. 340.
(*b*) Ouv. cit., t. II, p. 318.

station plus solide, était précisément une *circonstance sans laquelle la station ne saurait avoir lieu :* une véritable condition *sine quâ non*.

(145) « L'homme étant supposé dans la station « bipède, les deux pieds placés l'un à côté de « l'autre, dit M. ADELON, le corps s'incline « du côté d'un des membres, *généralement du* « *côté du membre droit*, pour faire porter sur « lui son poids, en affranchir en entier, ou au « moins en partie, l'*autre membre*, et *permettre* « *à celui-ci de se mouvoir* (*a*). »

Mais ce physiologiste est dans l'erreur à ce sujet. Si les soldats partent tous du pied gauche (*b*), ce qui a été cause que, plus d'une fois, des gendarmes ont reconnu des déserteurs, on ne doit l'attribuer qu'à la marche artificielle introduite dans les évolutions militaires, où elle est aujourd'hui sur-tout indispensable. L'homme et les animaux partent généralement du pied droit. Je ne garle pas des *gauchers :* ils ne doivent être regardés que comme faisant exception à la règle. Voyez ce qui a été déjà dit dans la note (95), pag. 114 et 115.

(*a*) Ouvr. cit., t. II, p. 160.

(*b*) Il n'en était pas de même chez les anciens. Les troupes romaines, qui formaient un corps de réserve et que l'on désignait sous le nom de *Triarii*, avaient toujours la jambe gauche étendue, pour être prêtes à marcher, *en partant du pied droit*. (TITI-LIVII, *Hist.*, *lib.* VIII, *c.* 8.)

Quand il est question de la progression du centre de gravité dans la marche, M. Richerand dit ensuite : « Il en est ici du *poids du corps*, relative-« ment aux membres inférieurs, comme de *celui* « d'un char qui *passe successivement sur les di-* « *vers rayons de ses roues* (*a*). » Cet auteur est encore inexact en ceci : la phrase qui suit immédiatement celle que je viens de citer en est elle-même la preuve : « Le centre de gravité ne se « meut point suivant une *ligne droite*, mais *entre* « *deux parallèles*, dans l'intervalle desquelles « il décrit des *obliques* qui vont de l'une à « l'autre en formant de véritables *zigzags*. » S'il avait bien réfléchi sur ce sujet, M. Richerand y aurait encore vu quelque chose de plus ; c'est que les *zygzags* dont il est ici question, et qui représentent la progression du centre de gravité, sont réellement formés, non *par des lignes droites*, mais *par des lignes courbes* à convexité supérieure. Cela s'accorde parfaitement avec l'élévation et l'abaissement à chaque pas, que M. Adelon a très-bien fait remarquer, mais que Barthez avait signalés long-temps avant lui. Ce physiologiste avait reconnu que chaque pas imprimait *au bassin une impulsion en avant et en haut*, suivie d'un abaissement.

(146) Vers la fin du dernier siècle, on a essayé

(*a*) Ouv. cit., t. II, p. 351.

d'introduire la *marche oblique* dans les évolutions militaires ; mais l'expérience a appris que leur exécution était impossible. Si l'on avait consulté des physiologistes, on se serait probablement dispensé même de faire des essais dans cette intention : on aurait bientôt appris que ce projet devait trouver des obstacles insurmontables dans la différence de taille et de force des soldats.

(147) Au lieu de chercher à nous faire connaître la théorie du *saut*, la plupart des physiologistes se sont contentés de le décrire ; ils n'ont consigné dans leurs écrits que l'historique du fait, au lieu de nous y donner la solution du problême qui s'y rapporte. On savait depuis ARISTOTE, que le *saut* ne pouvait s'exécuter sans que les articulations des extrémités, d'abord fléchies alternativement en sens opposés, ne se fussent ensuite étendues d'une manière subite : BICHAT et MM. RICHERAND, MAGENDIE et ADELON, ont-ils ajouté quelque chose à cela?

(148) Parmi le petit nombre d'auteurs qui se sont occupés de la cause du *saut*, se trouvent WILLIS, BORELLI, MAYOW, HAMBERGER et HALLER : on peut voir l'exposé de leurs théories, dans la Nouvelle Mécanique des mouvemens de l'homme et des animaux, de BARTHEZ (*a*). Je ferai seulement remarquer que, pour l'expli-

(*a*) Pag. 75-80.

cation de cet acte, on ne peut avoir recours ni à l'*élasticité* du corps, ni à celle du sol; puisque après la chute, le corps n'exécute pas une suite d'autres sauts qui aillent progressivement en diminuant, comme on sait bien que le fait une paume à jouer, par exemple.

MAYOW est peut-être le seul, avant BARTHEZ, qui ait donné du *saut* une théorie tout à la fois raisonnable et fort ingénieuse, ayant pour fondement les idées relatives à l'action qu'exercent les forces *centripète* et *centrifuge* sur les corps qui sont mus par une fronde; mais cet auteur ne se rend pas encore raison du détachement du corps d'avec le sol.

Nous devons la vraie théorie de cet acte à BARTHEZ, qui l'a exposé d'une manière détaillée dans sa *Nouvelle Mécanique des mouvemens de l'homme et des animaux* (*a*).

(*a*) *Pag.* 80 *et suiv.* D'après BARTHEZ, pour que le saut puisse s'exécuter, *il faut absolument que plusieurs articulations successives soient fléchies en sens inverse;* tandis que BICHAT dit seulement que cette flexion est *utile :* c'est ainsi qu'il désigne une condition *sine quâ non!*

« Toute espèce de saut, dit M. MAGENDIE, nécessite la « flexion antécédente d'*une* ou de plusieurs articulations du « tronc et des membres inférieurs; l'extension subite des « articulations fléchies est la *cause particulière du saut* (1). » Une seule articulation fléchie ne suffit pas; et l'*extension*

(1) Ouv. cit., t. I, p. 327.

(149) Les mouvemens qu'exécutent les os dans le *saut*, ont paru à M. LORDAT fort analogues à ceux du *bâtonnet*, dont on a frappé une des terminaisons coniques. Ce professeur n'a vu dans l'un et l'autre de ces phénomènes, que des corps solides plus ou moins longs, *tournant par leurs extrémités autour d'un centre de rotation variable*.

Cette idée dut être regardée comme très-juste par BARTHEZ, puisque à l'occasion de la communication que M. LORDAT lui en avait faite, ce physiologiste avait rédigé une note qui a été trouvée dans ses manuscrits.

(150) Voyez la *Nouvelle Mécanique des mouvemens de l'homme et des animaux*, de BARTHEZ, pag. 63 et 64.

subite des articulations fléchies ne saurait être la *cause particulière du saut*, puisque l'on peut les étendre *subitement sans sauter*.—M. ADELON a été induit en erreur au sujet du sauteur déposé dans le Conservatoire de notre Faculté, dont les extrémités inférieures n'avaient qu'une seule articulation; il est bien prouvé que cet individu ne sautait pas : M. le Professeur DELMAS s'en est convaincu par lui-même.

Enfin, malgré ce que dit M. ISIDORE BOURDON, je ne saurais croire l'*occlusion de la glotte* aussi utile dans le saut que la *contraction des muscles gastrocnémiens*, et par conséquent « que la paralysie des muscles laryngés et la paralysie « des muscles jumeaux *empêcheraient le saut à un degré* « *presque semblable*. »

Dans la course, la ligne de propension du corps tombe toujours un peu en avant de la base de sustentation ; et il en est de même des personnes qui marchent contre le vent (*a*). Les Peintres qui n'ont pas suffisamment réfléchi sur ces deux circonstances, s'exposent à commettre de graves erreurs dans leurs compositions. — Il n'est pas rare de voir des dessins et même des tableaux où l'artiste, avec l'intention de représenter des gens qui *courent*, n'a peint réellement que des personnes qui *dansent tout au plus*.

(151) Voyez la *Nouvelle Mécanique, etc.*, de BARTHEZ, pag. 64 et 65.

(152) DIOGÈNE-LE-CYNIQUE regardait la course comme un exercice auquel on avait tort de se livrer ; mais PLATON, STACE et presque tous les auteurs, tant anciens que modernes, ont eu une opinion différente.

PIERRE FABRE (*b*) a été inexact quand il a dit, sans restriction, que les Lacédémoniens regardaient la course comme *inutile ;* on en trouve la preuve dans l'histoire et dans les lois de ce peuple soldat.

Il paraîtrait plutôt, que, défendue dans cer-

(*a*) Voy. LÉONARD DE VINCI, ouv. cit., pl. 24, p. 265.

(*b*) *Vid.* PETRI FABRI, *agonisticon sive de re athleticâ ludisque veterum gymnicis, atque circensibus spicilegiorum tractatus. Lugd.* 1592, *in-4°.*

taines circonstances, elle était conseillée dans d'autres.

HÉRODOTE nous apprend bien que les soldats qui avaient fui, étaient déclarés infâmes, indignes d'être mariés ; et que ceux qui mouraient blessés par derrière, étaient privés de sépulture. THUCIDIDE, PLUTARQUE et PAUSANIAS disent, de plus, qu'il leur était défendu de poursuivre les fuyards. On ne voyait en cela qu'un défaut de générosité, ou même une action déshonorante (*a*).

Mais PLUTARQUE nous fait savoir aussi, que les lois de LYCURGUE *permettaient le larcin* ; et que quand les enfans étaient d'un certain âge, ils couchaient sur des roseaux, *couraient à la chasse*, et *gravissaient des rochers sans chaussures et presque sans habits.*

Proscrire la course de la Stratégie, ce serait renoncer à un grand nombre d'avantages. Est-ce à autre chose qu'à une fuite raisonnée, que le dernier des HORACES dut et sa victoire et le triomphe de sa Patrie ? N'est-on pas persuadé aujourd'hui qu'une armée exercée à la course en vaudrait deux dans certaines circonstances ?

(*a*) Voy. la savante dissertation de MATHON DE LA COUR, sur cette question : *Par quelles causes et par quels degrés les lois de* LYCURGUE *se sont altérées chez les Lacédémoniens jusqu'à ce qu'elles aient été anéanties ;* couronnée par l'Acad des Inscript. et Belles-Lett., le 28 avril 1767.

Cette vérité a dû être sentie dans tous les temps.

(153) Les idées de BARTHEZ relatives au *saut*, s'appliquent parfaitement à la progression des poissons dans l'eau : cet auteur regarde le redressement de deux courbures en sens opposés, comme indispensable à leur progression directe.

M. RICHERAND compare la queue des poissons à un *aviron ;* mais celui-ci est inflexible, et par conséquent incapable de *courbures en sens opposés.* Les deux percussions en sens inverses que M. RICHERAND croit être *successives*, sont réellement *simultanées.* (BARTHEZ). Ce n'est qu'après cette double percussion simultanée, en sens opposés, que la queue agit à la manière d'un gouvernail.

(154) M. MAGENDIE, ayant énuméré divers mouvemens tels que le *grimper*, l'action de *gravir*, etc., etc., qu'il ne juge pas à propos *même de décrire ;* ajoute ensuite : « ... des con-« sidérations de ce genre seraient très-impor-« tantes, mais elles ne peuvent faire partie que « d'un traité complet de mécanique animale, « *ouvrage qui est encore à faire, malgré ceux* « *de* BORELLI *et de* BARTHEZ. . . . (*a*). » Voilà comment M. MAGENDIE traite la *Nouvelle Mécanique* de BARTHEZ, que l'on regarde ici, avec raison, comme un chef-d'œuvre dans son genre,

(*a*) Préc. élém. de Physiol., t. I, p. 332.

à cause de la profondeur des vues, et de l'érudition, aussi vaste que choisie, dont son auteur donne à chaque instant des preuves.

Il serait à souhaiter que le physiologiste de Paris voulût bien se charger lui-même de l'ouvrage qu'il dit *être encore à faire !*

(155) Les muscles de l'abdomen ont été considérés d'abord, *comme formant des parois parfaitement convenables aux organes contenus dans cette cavité;* bientôt après, *comme propres à expulser les matières renfermées dans les viscères abdominaux ;* ensuite, *comme coopérant aux mouvemens de la respiration;* enfin, *comme moteurs du thorax et du bassin.*

A l'occasion du troisième chef de division, les objets dont j'ai entretenu mes auditeurs ont été les suivans :

1° L'*expuition*, le *moucher*, l'*éternuement.*

2° Le *souffler continuel.* J'avais entendu, il y a quelques années, un joueur de cor-anglais, qui faisait sur son instrument des tenues aussi longues qu'on le voulait ; il *ne respirait jamais*, disait-on. Après avoir cherché la cause de ce phénomène, je l'ai trouvée dans le désemplissement de la bouche opéré par l'action des buccinateurs, dans l'instant même où l'on fait l'inspiration. L'abaissement du voile du palais doit durer autant que l'inspiration elle-même. Je me suis convaincu, par ma propre expérience, qu'à l'aide d'un exercice convenable, il n'est pas de joueur d'instrument à vent qui ne puisse acquérir cet avantage : il est fort aisé de *souffler même assez fort par la bouche*, pendant que l'inspiration *s'exécute par le nez*.

3° Le *bâillement*. BICHAT, mettant à profit les idées d'un médecin du 16e siècle, sans le citer, regarde comme cause du bâillement la *rétention du sang dans les cavités droites du cœur* : mais il suffit de savoir que le bâillement se communique quelquefois avec tant de facilité, qu'on le croirait presque contagieux ; pour qu'on ne puisse point admettre cette théorie.

L'explication que donne M. RICHERAND ne me paraît pas plus heureuse : « *La mémoire du* « *soulagement* que procure la longue inspiration « qui constitue le bâillement, le *souvenir* du « bien-être qui succède à l'oppression que l'on « éprouvait auparavant, nous porte *involontai-* « *rement* à répéter cet acte toutes les fois qu'une « autre personne l'exécute devant nous (*a*). » La *mémoire* et le *souvenir* ne sont là pour rien ; et une éducation, même ordinaire, nous accoutume à *ne jamais bâiller en bonne compagnie*.

Le bâillement est une *pandiculation* des muscles de la mâchoire, qui fait cesser leur fatigue et les dispose à agir.

(*a*) Ouvr. cité, t. I, p. 494.

4° Le *soupir*. Cet acte n'est qu'un diminutif du bâillement ; une *pandiculation portant principalement sur le diaphragme et le poumon*, qui ne doit pas être confondue, même quand on la répète plusieurs fois de suite, avec l'essoufflement. BICHAT n'a pas su éviter cette erreur.

5° La *toux*. J'ai rappelé que, pendant cet acte, l'ouverture de la glotte devait être, momentanément, non pas seulement *rétrécie*, comme on l'a dit ; mais *complètement fermée*. Sans cela on n'exécute qu'une expiration plus ou moins forte, une *rascation*, analogue à celle qui précède souvent le cracher ; et qu'il ne faut pas confondre avec la toux proprement dite. Les personnes dont la glotte ne saurait se fermer complètement, ne peuvent pas tousser : celles dont la glotte est ulcérée ; celles qui sont atteintes du croup, etc., sont dans ce cas.

(156) Les objets dont je vous ai entretenu à cette époque sont :

1° Le *véritable mécanisme de la déglutition*, qui n'a été exposé d'une manière complète que par M. LORDAT, dans ses *Observations sur l'anatomie du singe vert* (*a*) ;

2° La *déglutition de l'air*, en rappelant les expériences de M. GOSSE d'abord, et de MM. MAGENDIE et RULLIER ensuite ; déglutition qui

(*a*) Pag. 74-78

est si aisée, qu'il suffit de vouloir la faire pour réussir ;

3° Le mouvement *péristaltique* et *anti-péristaltique de l'œsophage* (*a*), ainsi que la *rumination* ;

4° Diverses causes singulières de *Dysphagies :* 1° par spasme de l'œsophage (FRANK) ; 2° par rétrécissemens de différente nature, traités avec succès au moyen des *bougies* et du *nitrate d'argent* (EVERARD HOME): 3° par le développement d'une glande dans ce conduit (BORDEU) ; 4° par une espèce de *bourrelet artériel* que formait la crosse de l'aorte, et dans lequel passaient l'œsophage et la trachée-artère (HUMMEL) (*b*).

5° *L'estomac et ses fonctions.* J'ai prouvé ici que la connaissance des tissus d'un organe était insuffisante pour faire connaître *à priori* ses fonctions ; et que rien ne devait dispenser de l'étude directe de l'organe dans son intégrité et pendant la vie.

(*a*) Pendant long-temps les anatomistes ont été dans l'erreur au sujet de la direction des fibres du plan musculaire interne de l'œsophage : l'Anatomie Comparée était cause que l'on avait cru, mal-à-propos, ces fibres *spirales.* M. le baron PORTAL est le premier qui ait bien prouvé qu'elles étaient circulaires *chez l'homme.*

(*b*) Ce fait singulier a été extrait du *Commerc. litter. Norimberg*, par TIEDEMANN, qui l'a représenté par une figure coloriée dans son bel ouvrage déjà cité.

6° *Une sorte de choix dont l'action digestive de l'estomac et des intestins est susceptible.*— Vomissement spontané d'une grande quantité de tabac, qui avait dû exiger un temps très-long, pour s'accumuler dans cet organe ; *sans que néanmoins les digestions eussent été dérangées* (TRILLER). — Jeune homme atteint de phthisie, mis par M. CHRESTIEN à l'usage des escargots. Il en prenait déjà au nombre de sept à huit, matin et soir, « lorsqu'un jour, quelques heures après « s'être mis au lit, il fut pris de nausées et re- « jeta bientôt, par le vomissement, *plus de* « *cinquante escargots bien entiers, et sans aucun* « *débris des alimens qu'il avait pris à son dernier* « *repas* (*a*). » — Café au lait pris par un convalescent qui venait d'essuyer une fièvre maligne, et qui n'avait jamais pu digérer le lait. Café seul digéré : *lait pur rendu par le vomissement* (LORDAT et KÜHNHOLTZ).

7° *Spasme dilatatoire des intestins* démontré par un fait de LEIDENFROST (*b*), qui nous a été

(*a*) Voyez dans les Éphémérides médic. de Montpellier (octobre 1827, p. 158), l'analyse, faite par M. BERTIN, des *Nouveaux élémens d'hygiène*, de M. LONDE. On trouve aussi, à la page 157, un fait très-curieux relatif à l'objet qui nous occupe, extrait de l'ouvrage de M. LONDE par M. BERTIN.

(*b*) « *Tunc pars, vel aliquandò integra hœc fistula intes-* « *tini turgebat, simulque crescebat longitudine et latitudine*, fort utile pour établir convenablement la théorie des *invaginations intestinales.*

(157) J'ai fait remarquer, à l'occasion du cœur :

1° Que les blessures, même graves, de cet organe, n'étaient pas toujours mortelles ;

2° Que sa *dilatation* était *active.* PECHLIN avait observé que le cœur arraché à un animal vivant, et tenu dans la main, pouvait écarter les doigts avec assez de force, quoiqu'on eût exprimé tout son sang (*a*) ; et BICHAT, M. RULLIER et M. le Professeur RIBES, ont obtenu les mêmes résultats dans leurs expériences. — BACON avait déjà vu le cœur d'un criminel de lèze-majesté s'élancer hors du brasier dans lequel le bourreau l'avait jeté.

3° J'ai bien prouvé qu'un *spasme fixé sur cet organe*, durant autant que la vie, mais cessant au moment de la mort (*b*), devait donner lieu à des *syncopes mortelles*, qui, ne laissant pas plus de traces sur le cadavre que tant d'autres maladies

« *tantùmque contrahebat ruborem, ut nulla vel maxima* « *inflammatio huic par esse possit. Indè calor major. Prætereà* « erigebatur intestinum et erectum stabat, ut quasi colem « lascivientem æmularetur. » (*De motu peristaltico in* « *vulnere intestini viso, Disput. morb.* HALLERI, *t. III.*)

(*a*) *Obs. physic. medic.*, *lib.* 3. *Hamburgi* 1691, *in-4° fig.*

(*b*) Cela arrive le plus souvent, mais non toujours : j'ai cité des preuves du contraire, page 107 entre autres.

purement vitales, seraient toujours le désespoir de l'Anatomie Pathologique.

(158) Quand il a été question de la physiologie de la vessie, vous avez dû remarquer sur-tout, parmi les *applications faites à la Pathologie,* ce qui a été dit sur le *spasme dilatatoire fixe* (*a*) de cet organe.

L'existence d'un spasme de ce genre, fixé sur les parois de la vessie dans certains cas de rétention d'urine, a été très-bien constatée par M. LORDAT, à la faveur de faits dont l'ensemble équivaut à une démonstration. Il vous a été aisé de sentir combien les conséquences thérapeutiques qui en ont été naturellement déduites, étaient précieuses par rapport au traitement de quelques rétentions d'urine, auxquelles l'oubli de ces mêmes idées ne manquerait pas d'être souvent funeste (*b*).

(*a*) Voyez les Nouveaux élémens de la science de l'homme, chap. 4, §. 73.

(*b*) Voyez sur ce sujet : 1° dans les *Nouvelles remarques sur les hernies abdominales*, de M. LORDAT (Montpellier 1811, in-8°, pag. 23 et suiv.), l'observation faite conjointement par lui et M. MAISONNABE ; 2° dans les Éphém. médic. de Montpellier (1827, t. V, p. 301), des *Réflexions sur le spasme dilatatoire dans un cas singulier de rétention d'urine ;* par M. le Docteur THOMAS.

On trouve assez d'exemples de *spasme fixe du canal de l'urètre.* — L'ouverture du corps de J.-J. ROUSSEAU ne

(159) La mobilité des traits du visage peut être poussée très-loin ; c'est elle qui constitue le *talent mimique* ou d'*imitation*.

PÉCHLIN a vu à Venise un Mime, nommé ALESSANDRO MARCIANO, qui pouvait prendre la ressemblance de toutes les personnes qu'il voulait représenter. PÉCHLIN vit ce singulier personnage donner successivement à sa figure les traits des douze Césars ; d'AGRIPPINE, de LIVIE, de DRUSILLE, de FAUSTINE, et d'une foule d'autres hommes ou femmes célèbres. Il poussait la perfection qu'il apportait dans l'imitation de certains scélérats, jusqu'au point d'inspirer une véritable horreur. Il imitait aussi parfaitement ces ornemens d'architecture, connus sous le nom de *mascarons*. Indépendamment de cela, ALESSANDRO MARCIANO donnait à sa voix des intonations et des articulations si variées, que, pour peu qu'on cessât de le voir, lorsqu'il récitait une comédie, on croyait être sûr d'entendre six ou sept personnes, quoiqu'il fût réellement *seul* (*a*).

présenta aucune altération sensible dans les voies urinaires, quoique cet homme célèbre eût souvent éprouvé des rétentions d'urine. — On peut lire une bonne observation sur ce sujet dans la thèse de M. REIMONENQ, ayant pour titre : *Essai sur les rétentions d'urine occasionées par les rétrécissemens de l'urètre ;* Montpellier 1827, in-4°, p. 5, 6 et 7.

(*a*) *Observ. physic. medic., lib.* 3, *p.* 501.

Le talent mimique était porté au plus haut degré chez le célèbre GARRICK.

Lorsque, dans ses récits, il lui arrivait de prendre le ton, les gestes et le caractère des personnes dont il parlait ; on voyait l'action elle-même : ce n'était plus une narration.

Tous les traits de sa figure étaient susceptibles d'une mobilité si considérable et si variée, qu'il pouvait prendre facilement les ressemblances que son caprice ou les desirs de ses amis lui suggéraient.

GARRICK et le peintre HOGARTH étaient tous deux amis de FIELDING. Cet auteur venait de mourir, sans avoir voulu permettre qu'on fît son portrait, lorsqu'on publia une édition de ses œuvres. HOGARTH, voulant absolument que le portrait de son ami ornât l'édition de ses œuvres complètes, prenait un jour le parti de le dessiner de mémoire, lorsqu'il entendit une voix s'écrier du fond d'un cabinet voisin de son atelier, où GARRICK était entré un instant auparavant : « HOGARTH..... ! HOGARTH..... ! HOGARTH..... ! « *n'es-tu pas las de me faire attendre? Prends* « *tes crayons; viens ici; je n'ai que quelques* « *instans à te donner*...... Le trouble qui agite « HOGARTH confond ses idées : il oublie que « c'est dans ce cabinet qu'il a relégué GARRICK. « Il prend ses crayons et vole avec précipitation « où ces accens l'appellent. Quel prodige! C'est

« FIELDING qu'il voit : ce sont ses traits, son « air, sa coiffure, sa démarche ; en un mot, « *c'est son ami.* HOGARTH étonné, effrayé, in« téressé, ému, dessine à la hâte. Le peintre « s'applaudit de la ressemblance. Il ne sort de « l'erreur, que quand, l'ouvrage achevé, il « échappe au comédien un éclat de rire qui dé« compose son visage, et en fait disparaître les « traits empruntés, pour restituer à leur place « ceux de l'inimitable GARRICK.

« C'est ce dessin original qui est à la tête des « œuvres de FIELDING (*a*). »

On sait bien aussi, qu'une jolie femme de Londres profita de ce talent qu'elle avait reconnu chez GARRICK, pour avoir le portrait d'un seigneur anglais qu'elle aimait et qui ne voulait pas se laisser peindre (*b*).

I. Nous allons faire quelques réflexions propres à diminuer ce que des faits de ce genre pourraient avoir d'étonnant.

1° Pour imiter une figure, il n'est pas nécessaire que tous les traits soient parfaitement ressemblans : les esquisses que les Peintres appellent *dessins spirituels* en sont la preuve. Il en est de même dans la représentation mimique.

2° *Un certain degré de développement et de*

(*a*) *Encyclopédiana* (GARRICK).
(*b*) *Encyclopédiana*.

souplesse, dans les parties molles de la face, doit être regardé comme une des dispositions naturelles qui favorisent le plus ce talent d'imitation. On sent facilement qu'une figure dont les traits seraient roides et les yeux enfoncés, éprouverait nécessairement des difficultés insurmontables.

Il ne serait pas étonnant que les sujets chez lesquels on a rencontré des muscles qui ordinairement n'existent pas, eussent eu moins d'obstacles à surmonter que les autres. Il me suffira d'indiquer ici ce qui a été dit par SANTORINI, de divers muscles dont l'existence n'est pas constante (*a*) ; et par ALBINUS (*b*), de certaines fibres *anormales* qu'il a observées à la joue.

3° Quelques muscles ne seraient-ils pas susceptibles de prendre une structure analogue à celle de la houppe du menton? On sait que cette *pulpe musculaire*, ce *tissu érectile*, est capable

(*a*) *Vid.* JOAN.-DOMINICI SANTORINI *septem decim tabulæ, etc.*; 1775, *in-fol.*, *fig.*; *Tabul. prim.* (n,o,o) *nasi orbiculus in pinnas, seu alas divisus*; (I) *musculus zygomaticus minor ferè bifariàm diremptus*; (w) *latus fibrarum fasciculus, qui etsi portiuncula ejusdem quadrati sit, interdùm tamen ab ipso discreta musculum per se constituere videtur, qui à* SANTORINO RISORIUS *dictus fuit*; (H) *musculus zygomaticus major, qui non ità raró dividitur ac partem unam interiùs depressori labiorum communi adjungit, quemadmodum et nos bis observavimus.*

(*b*) BERN. SIG. ALBINI, *Tabulæ sceleti et musculorum corporis humani*; *Lugd. Bat.* 1747, *gr. in-fol.*

non-seulement de contraction dans tous les sens, mais encore d'une *expansion active*.

Je ne saurais penser que, comme BARTHEZ était disposé à le croire, l'habitude des mouvemens pût donner lieu à la formation de muscles nouveaux : il faudrait pour cela que tous les hommes fussent susceptibles d'acquérir le talent mimique ; ce qui n'est pas, bien certainement.

II. Tâchons maintenant d'ajouter quelques réflexions à celles qui ont été consignées dans les bons ouvrages de DESCARTES (*a*), LE BRUN (*b*), CAMPER (*c*), J.-G. LAVATER (*d*) et ENGEL (*e*),

(*a*) Les passions de l'âme ; *Amsterd.*, LOUIS ELZEVIER, 1650, *pet. in*-12.

(*b*) Conférences sur l'expression des passions, *avec fig.*, de BERN. PICART ; *Amsterd.* 1713, *in*-12. Voyez aussi la Dissertation sur un traité de CH. LE BRUN, concernant le rapport de la physionomie humaine avec celle des animaux ; 1806, *grand in-fol.*, *fig.*, *ornée du portrait de* LE BRUN, *par* EDELINCK.

(*c*) Discours sur les moyens de représenter les diverses passions qui se manifestent sur le visage ; sur l'étonnante conformité qui existe entre les quadrupèdes, les oiseaux, les poissons et l'homme, etc. ; *trad. du holl.*, *par* QUATREMÈRE D'ISJONVAL ; *Utrecht* 1792, *in*-4°, *fig.*

(*d*) Essais sur la physiognomonie, destinés à faire connaître l'homme et à le faire aimer (trad. en français par Mad[me] DE LA FITE, MM. CAILLARD et HENRI RENFNER) ; *La Haye* 1781-1803, 4 *vol.*, *in*-4°, *fig.*

(*e*) Lettres réunies sous le titre de : *Idées sur le Geste* sur la manière de représenter les passions ; sur la physionomie, et sur les gestes.

1° On a dit, et souvent répété, que *les yeux étaient le miroir de l'âme.* Quand on se pique d'un peu de sévérité dans le langage, comme on doit le faire lorsqu'il s'agit d'une science telle que la Physiologie, il ne faudrait pas oublier que, considéré en lui-même, le *globe de l'œil* n'est presque susceptible d'aucun changement. *L'expression des yeux, dans les diverses passions, ne dépend presque exclusivement que de l'action des muscles qui les meuvent ou les environnent.*

2° *La face est susceptible d'une expression indépendante des passions, qui n'a pas besoin d'une étude antérieure pour être bien sentie.*

Il n'est personne qui ne connaisse l'effet que produisent une *figure grâcieuse* et une *figure sérieuse* sur les jeunes enfans qui les voient pour la première fois. A cet âge où l'on ignore encore également ce que sont la *bienveillance* et *l'indifférence*, on se sent néanmoins attiré ou repoussé, selon que les physionomies que l'on rencontre, expriment l'un ou l'autre de ces sentimens.

et l'Action théâtrale, avec fig. (Recueil de pièces intéressantes concernant les Antiquités, les Beaux-Arts, les Belles-Lettres et la Philosophie, t. III, p. 320 et suiv. ; t. IV, p. 102 et suiv. ; t. V, p. 147 et suiv.)

Cette influence de la physionomie s'exerce même sur les animaux : voici un fait singulier qui en est une preuve évidente. LARIVE possédait un singe constamment enfermé dans une cage, à cause de l'habitude qu'il avait contractée d'attaquer et de mordre toutes les personnes qui venaient le voir. Un graveur, de ses amis, qui probablement avait déjà fait un essai de ses forces, vint un jour le supplier de donner un instant de liberté à cet animal. Le singe ne fut pas plutôt libre qu'il allait s'élancer sur le graveur, quand celui-ci l'*attendit de pied ferme, fixant fortement ses regards sur lui, dans une attitude qui, sans être menaçante, annonçait la persuasion d'une grande supériorité :* pour le coup, l'animal se contenta de tourner plusieurs fois autour du graveur en grinçant des dents, *mais il n'osa l'attaquer.*

LARIVE surpris de ce qu'il avait vu, donna le singe à son ami, qui parvint à le rendre si doux, *par le jeu de sa physionomie*, qu'il put lui faire faire presque tout ce qu'il voulut uniquement par ce moyen.

3° DESCARTES *avait observé que des personnes qui voulaient peindre une passion sur leur visage, donnaient quelquefois à leurs traits le caractère de la passion opposée.*

On a vu une actrice qui ne manquait pas de mérite, avoir l'air de rire quand il aurait fallu qu'elle pleurât, lorsqu'elle remplissait le rôle de CLYTEMNESTRE, dans l'IPHIGÉNIE de RACINE. Le fameux peintre anglais que j'ai déjà cité, HOGARTH, avait fait une observation analogue chez un mendiant; et j'ai eu moi-même l'occasion de reconnaître toute son exactitude : j'ai vu un Docteur m'annoncer d'*une figure riante*, que sa sœur était sur le point de périr, *quoique je fusse bien sûr qu'il en était très-fâché dans le fond de son âme.*

Il m'a paru que la véritable cause de ce phénomène était une altération des synergies des muscles, analogue à celle qui constitue certains cas de bégaiement et de strabisme, résultant de l'action de quelque muscle, qui ordinairement ne devrait point agir. Dans la tristesse, les paupières sont basses ; les sourcils froncés, sont également abaissés, et la houppe du menton est relevée ; tandis que la commissure des lèvres est portée en bas par l'action des triangulaires : et malgré cela, si les muscles zygomatiques viennent à se contracter vicieusement, on pourra fort bien avoir l'air de rire, quoiqu'on soit réellement disposé à pleurer.

(160) A une époque où les beaux-arts semblent renaître dans notre ville, je ne pouvais terminer un Cours de Physiologie, sans dire quelques mots sur l'*Anatomie* et la *Physiologie* appliquées à la Peinture.

Le Musée, que nous devons à M. le Bon FABRE, doit être pour nous un puissant motif de faire tous nos efforts, pour que la culture des arts du dessin soit favorisée et complétée, autant qu'elle est susceptible de l'être.

Quand les acquisitions que l'on fait chaque jour auront amené, dans ce bel établissement, assez de tableaux de toutes les Écoles, pour donner une idée satisfaisante des genres variés dans lesquels elles ont réussi ; quand, conformément à ses vues, M. FABRE aura placé à la tête de l'Académie, des Maîtres habiles, qui pourront peindre aussi, sous les yeux de leurs élèves, la Miniature et le Paysage, en approchant de la perfection qu'il apporte lui-même, dans l'exécution des portraits, ou des tableaux d'histoire qui sortent de son pinceau : l'enseignement ne saurait être encore complet.

Plus les progrès des beaux-arts sont considérables, et plus on sent combien il serait avantageux que les jeunes artistes pussent suivre, chaque année, un Cours d'Anatomie et de Physiologie appliquées à la Peinture ; afin que toutes les branches de cette science, cultivées aussi soigneusement les unes que les autres, fussent susceptibles de s'accroître d'une manière égale (*a*).

(*a*) Quelques passages extraits de l'*Histoire de la Peinture en Italie, depuis la renaissance des beaux-arts jusque vers la*

Une chaire de ce genre, telle qu'elle a été fondée dans plusieurs villes de France, me paraît

fin du XVIIIe *siècle*, par l'Abbé LANZI, feront sentir les avantages que l'Anatomie procure à la Peinture, bien mieux que tout ce que je pourrais en dire moi-même.

« LUCA SIGNORELLI naquit à Cortone, fut allié des « VASARI D'AREZZO, et disciple de PIETRO DELLA FRAN- « CESCA ; ce fut un peintre plein d'esprit et de sentiment, « et l'un des premiers qui, en Toscane, dessinèrent les « figures *avec la véritable intelligence de l'Anatomie*, quoi- « que un peu sèchement encore (1).

On sait que LÉONARD DE VINCI, « s'étant lié d'une « étroite amitié avec MARCANTONIO DELLA TORRE, lecteur « de Pavie, il concourut avec lui à illustrer la *science de* « *l'Anatomie de l'homme*, peu connue alors en Italie, et « qu'*il décrivit avec exactitude celle du cheval, dans la* « *connaissance de laquelle il est regardé comme le premier* « *de tous* (2). »

En parlant de MICHEL-ANGE : « *il devint savant en* « *Anatomie ;* et cette science ; à laquelle, dit-on, *il con-* « *sacra douze années, quoique sa santé en souffrît, décida* « *par la suite du caractère de son talent, et prépara l'im-* « *mensité de sa gloire..... ; ses raccourcis, ses attitudes, sont* « *toujours les plus difficiles......* (3). »

Enfin, en parlant des imitateurs de MICHEL-ANGE : « Ils « transportaient ensuite, dans leurs propres compositions, « cette régularité de la sculpture, ces formes prononcées,

(1) T. I, p. 141.

(2) T. IV, p. 84. On connaît la réputation du groupe de cavaliers qui se combattent, et dont un veut arracher un drapeau à l'autre.

(3) T. I, p. 209 et 210.

l'unique moyen de réveiller, parmi nos compatriotes, ce génie dont les PARROCELS, les LA FAGES, les MICHEL-ANGES, ont donné de si beaux exemples dans leurs compositions (*a*).

« *ce jeu des muscles*, cette sévérité des traits, ces gestes, et « ces attitudes pleines de vie, qui rendent le BUONARROTI « si imposant et si terrible. Mais n'approfondissant point « les théories de cet homme inimitable, et *ne sachant pas* « *bien quelle était la véritable action des ressorts du corps* « *humain sous la superficie de la peau, ils tombaient facile-* « *ment dans les plus grossières erreurs:* tantôt en indiquant « des *muscles hors de leur place*, ou en les exprimant *de la* « *même manière, et dans une figure en mouvement, et dans* « *une figure en repos; dans un jeune homme délicat, et dans* « *un sujet parvenu à l'âge viril:* satisfaits de cette manière « qu'ils croyaient grande, ils n'attachaient pas beaucoup « d'importance au reste (1). »

(*a*) La représentation du *nu* dans tous les états de l'âme, et sur-tout des *raccourcis*, tant du corps que des extrémités, fut et sera toujours la véritable pierre de touche des Peintres.

On peut voir, à la Bibliothèque de la Faculté de Médecine, de beaux exemples de raccourcis en tout genre, principalement sur les dessins originaux de LA FAGE, que M. ATGER a réunis dans la salle exclusivement destinée à des ouvrages de Peintres du midi.

Dans peu de temps, et par suite des libéralités de cet amateur distingué, cette salle, jusqu'à présent unique, sera suivie de deux autres renfermant des dessins de Peintres de diverses Écoles, parmi lesquels se trouveront plusieurs productions de grands Maîtres.

(1) T. I, p. 280.

Si, pour réparer cette lacune, M. le Doyen de la Faculté de Médecine permettait jamais que l'on fît, dans cet établissement, un *Cours d'Anatomie et de Physiologie à l'usage des Peintres*, voici quel serait le plan qui m'a semblé pouvoir être adopté, au moins pour une année.

1° *Description des os du corps humain, mais principalement de celles de leurs parties qui sont sous-cutanées.*

L'étude des saillies des os, et de l'influence qu'elles exercent sur les formes, dans divers degrés d'embonpoint, ainsi que dans différens mouvemens; est plus importante que beaucoup de gens ne se l'imaginent. On a dit que, dans la flexion, le bras *paraissait plus long*; mais, pour être précis, il aurait fallu dire: que *la ligne qui dessine les extenseurs de l'avant-bras, la saillie du coude et les extenseurs de la main*, était devenue *réellement plus longue*; tandis que *celle qui lui est opposée se trouve alors véritablement plus courte*. Quand on connaît bien le squelette, on trouve la cause tout entière de ce phénomène, *dans la configuration des surfaces articulaires du coude*.

La traduction de la belle Ostéologie de MONRO par SUE (*a*), où l'on semble avoir voulu réunir

(*a*) *Paris* 1759, 2 *vol. in-fol.*, *fig.* L'Académie de Peinture et de Sculpture, établie au Louvre, avait conféré à SUE la place de Professeur d'Anatomie, pour que rien ne manquât

*

tous les avantages des traités d'ALBINUS et de CHESELDEN sur les os ; tiendrait un rang distingué parmi les ouvrages que l'on consulterait sur ce sujet.

2° *Description du premier Plan des muscles de tout le corps humain, tel que le cadavre le présente*, en utilisant ce que renferment sur ce point, les ouvrages faits pour les médecins, tels que ceux d'ALBINUS, de LODER, de CALDANI, de CLOQUET, etc. ; mais sur-tout ceux de B. GENGA (*a*), de BERRETTINI (*b*), de GAUTIER d'AGOTY, de GAMELIN (*c*), de J.-H. LAVATER (*d*),

à l'instruction de ses élèves. « Le Cours d'Anatomie « pittoresque qu'il a fait pendant plus de quarante ans « à l'Académie de Peinture, était sur-tout instructif, en « ce qu'il faisait suivre les *démonstrations sur le cadavre*, « de *leçons sur le vivant ;* idée ingénieuse et utile, qu'il a « exécutée le premier, et dont les avantages, même pour « les Médecins et les Chirurgiens, sont aisés à sentir (1). »

(*a*) *Anatomia per uso del disegno. Roma* 1691, *in-fol.*

(*b*) PETRI BERRETTINI *Cortonensis, opus Chirurgis et Pictoribus apprimè necessarium, etc.; Romæ* 1788, *in-fol. fig.* (Ed. FRANC. PETRAGLIA.)

(*c*) Nouveau recueil d'Ostéologie et de Myologie, dessiné d'après nature, pour l'utilité des sciences et des arts. *Toulouse* 1799, 2 *part. in-fol. atlant.*

(*d*) Élémens anatomiques d'Ostéologie et de Myologie, à l'usage des Peintres et Sculpteurs (trad. par GAUTHIER DE LA PEYRONIE) ; *Paris* 1797, *grand in-8°, fig.*

(1) Voy. Les siècles littéraires de la France, etc., par DÉSESSARTS et plusieurs biographes. (SUE.)

de CHAUSSIER (*a*), etc. : plus spécialement destinés à des Peintres.

3° *Myologie superficielle étudiée dans les divers mouvemens que l'homme exécute.*

Ici les *Trois Dialogues* d'ANGELO TUCCARO, *sur l'exercice de sauter et voltiger en l'air* (*b*) ; *l'Académie de l'art admirable de la lutte représentée en soixante-onze figures, avec des instructions claires et familières*, de ROMYN DE HOOGE (*c*) ; le *De arte gymnasticâ*, de MERCURIALIS ; la *Nouvelle Mécanique des mouvemens de l'homme et des animaux*, de BARTHEZ ; la Dissertation de LESSING, *sur le Laocoon* (*d*) ; et sur-tout l'admirable travail de SALVAGE (*e*), sur l'*Anatomie du Gladiateur Combattant* : ne manqueraient pas de fournir les matériaux les plus précieux.

(*a*) Recueil anatomique à l'usage des jeunes gens qui se destinent à l'étude de la Chirurgie, de la Médecine, de la Peinture et de la Sculpture ; *Paris* 1820, *in-4°*, *avec fig.*

(*b*) *Paris* 1599, *in-4°*, *fig.* Ce traité est assez rare.

(*c*) *Leyde* 1712, *in-4°*, *fig.* Ouvrage difficile à trouver.

(*d*) Du Laocoon, ou des limites de la Poësie et de la Peinture (trad. de l'allem. par CH. VANDERBOURG) ; *Paris* 1802, *in-8°*.

(*e*) *Paris* 1812, *grand in-fol.*, *fig.* Les dissections anatomiques, et les autres travaux nombreux, pénibles et soutenus, auxquels la composition de cet ouvrage a donné lieu, ont acquis à son auteur un nom qui triomphera long-temps de l'oubli.

SALVAGE était l'élève et l'ami de JACQUES MOULINIER,

4° *La différence des races par rapport aux traits du visage et à la couleur de tout le corps.*

On sent combien il serait peu convenable de représenter des Africains avec des figures européennes noircies. CAMPER, qui pendant plusieurs années de suite, a fait, à Amsterdam, des *Cours d'Anatomie appliquée à la Peinture* (a), a réuni sur ce sujet, dans sa *Dissertation sur les variétés naturelles qui caractérisent la physionomie des hommes des divers climats et de différens âges* (b), des réflexions ingénieuses qu'on aurait le plus grand tort de négliger.

5° *L'étude des mouvemens des muscles de la*

l'un des collaborateurs du *Voyage pittoresque et historique de l'Espagne* (1), mort le 19 février 1828, Professeur à l'Académie de Dessin de Montpellier. On peut voir deux paysages de cet artiste distingué, dans le Musée-FABRE, sous les n° 232 et 233.

(a) « M. CAMPER ne se contenta point d'étudier comme « anatomiste, et de comparer entre elles les formes exté- « rieures de l'homme et des animaux ; il appliqua ces con- « naissances à l'art du dessin, et il rédigea un Cours « d'Anatomie en faveur des Peintres, auxquels il enseigna « cette science pendant plusieurs années, dans l'amphi- « théâtre de l'école de Peinture d'Amsterdam. » *Œuvr. de* VICQ-D'AZYR, *t. I, p.* 322 *et* 323.

(b) Trad. du holl. par JANSEN ; *Paris* 1792, *in-4°*, *fig.*

(1) Paris, impr. de DIDOT aîné, 4 vol. grand in-fol., fig., publié par M. ALEX. DE LA BORDE.

face, relatifs à l'expression des sentimens et des passions.

On retirerait alors une grande utilité de la lecture des ouvrages de DESCARTES, de LE BRUN, de CAMPER, de LAVATER (*a*), de GALL et SPURZHEIM (*b*). — On pourrait réunir à ce chef de division, comme un appendice naturel, un extrait des lettres spirituelles d'ENGEL sur le *Geste* et l'*Action théâtrale*, déjà désignées à la page 222.

6° Au sujet de *l'exagération des formes naturelles*, on mettrait à profit les *Têtes de caractères et de charges* dessinées par LÉONARD DE VINCI, et gravées par le Comte DE CAYLUS (*c*) ; ainsi que les *principes de caricatures, suivis d'un essai sur la peinture comique*, par GROSE (*d*) ; mais en ayant le soin d'assigner à ces exagérations des limites telles, qu'elles pussent être vraisemblables, alors même qu'elles cesseraient d'être vraies.

7° L'étude des proportions du corps, chez des

(*a*) Ouvr. déjà cités.

(*b*) Anatomie et Physiologie du système nerveux en général, et du cerveau en particulier, avec des observations sur la possibilité de reconnaître plusieurs dispositions intellectuelles et morales de l'homme et des animaux, par la configuration de leurs têtes. *Paris*, 4 *vol. in*-4° *et Atlas.*

(*c*) *Paris* 1730, *grand in*-4°.

(*d*) Trad. de l'anglais. *Leipsick* 1802, *grand in*-8°, *avec* 29 *fig.*

individus des deux sexes, à différentes époques de la vie, serait présentée aux jeunes artistes comme devant mériter toute leur attention. Il est arrivé si souvent à des peintres qui ne s'étaient livrés ni aux réflexions, ni aux exercices pratiques relatifs à ce sujet, d'exposer aux regards du public, des compositions dans lesquelles on ne voyait que de *petits hommes,* à la place des *enfans* qu'ils avaient eu réellement l'intention de représenter !

8° NOVERRE, dans ses Lettres sur la danse, fait des observations curieuses touchant certains rapports des extrémités inférieures avec les supérieures, que les Peintres ne pourraient quelquefois négliger sans inconvéniens.

9° L'influence de certaines habitudes et des diverses professions, sur la production de rides de différentes espèces, ainsi que sur l'altération des formes des organes le plus souvent employés; paraîtrait encore, aux Peintres accoutumés à réfléchir, des sources précieuses où ils puiseraient cette vérité, cette représentation exacte de la Nature, qui est le plus puissant moyen d'obtenir les suffrages d'un public réellement éclairé.

10° La considération de l'altération des formes, produite par des causes, soit passagères, soit permanentes, telles que la *grossesse* et les maladies les plus communes, pourrait être aussi d'une grande utilité dans certaines circonstances.

Ce que la Nature présente de moins grâcieux dans ses formes, ne vous paraît-il pas admirable quand c'est le pinceau de TENIER qui le représente ?

Ne pensez-vous pas que GREUSE a dû faire des études spéciales, accompagnées de beaucoup de réflexions, pour représenter avec tant de vérité cette tête de vieillard qui semble se putréfier toute vivante qu'elle est encore (*a*) ?

Tels sont les divers objets dont les développemens m'ont paru pouvoir composer un cours de ce genre.

Je termine ici un travail que je ne croyais pas devoir pousser si loin.

Si les Élèves de première et de seconde année pouvaient y retrouver quelques idées qui leur fussent réellement utiles, j'aurais atteint le but que je m'étais proposé.

(*a*) Musée-FABRE, n° 175.

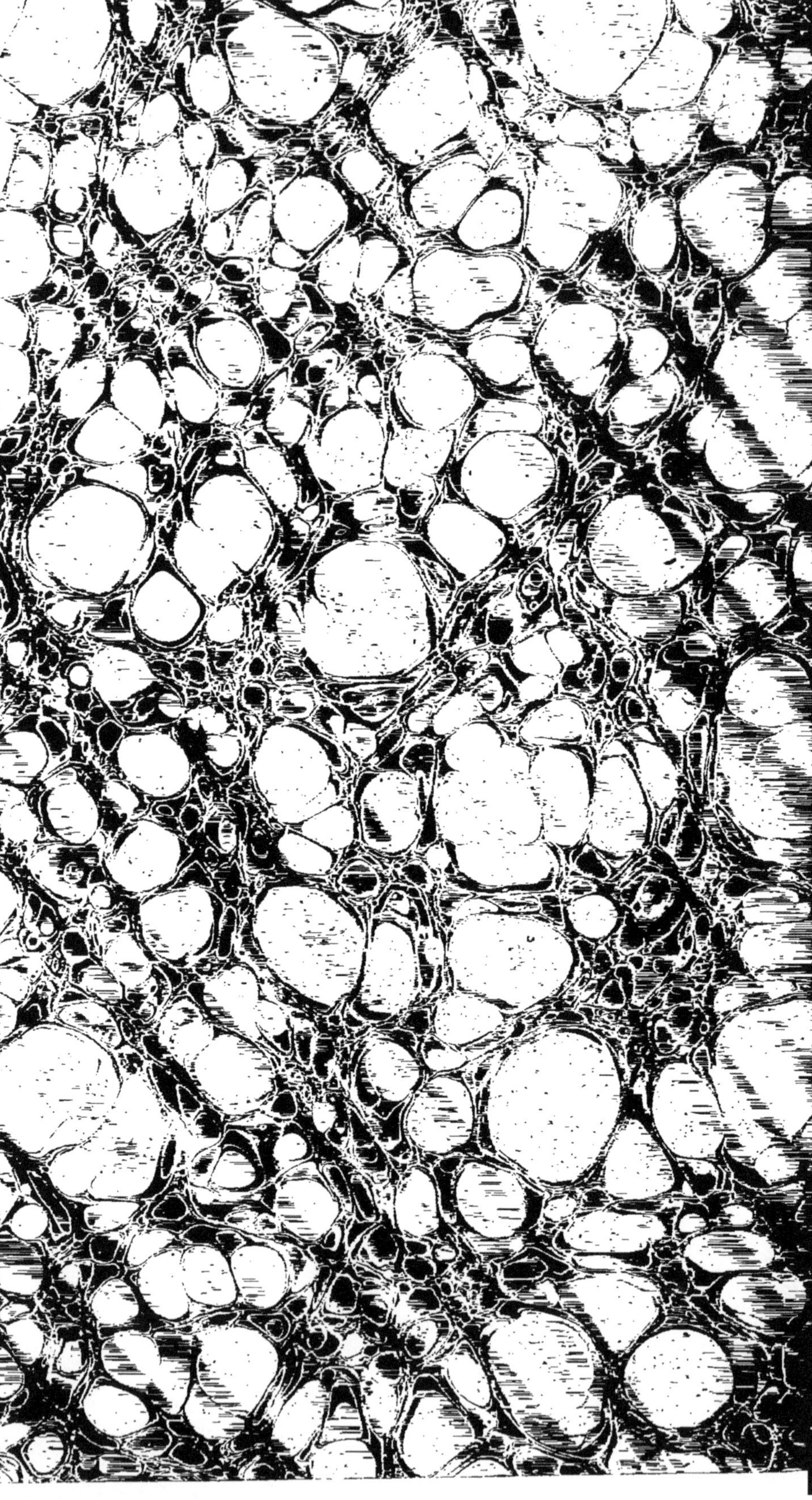

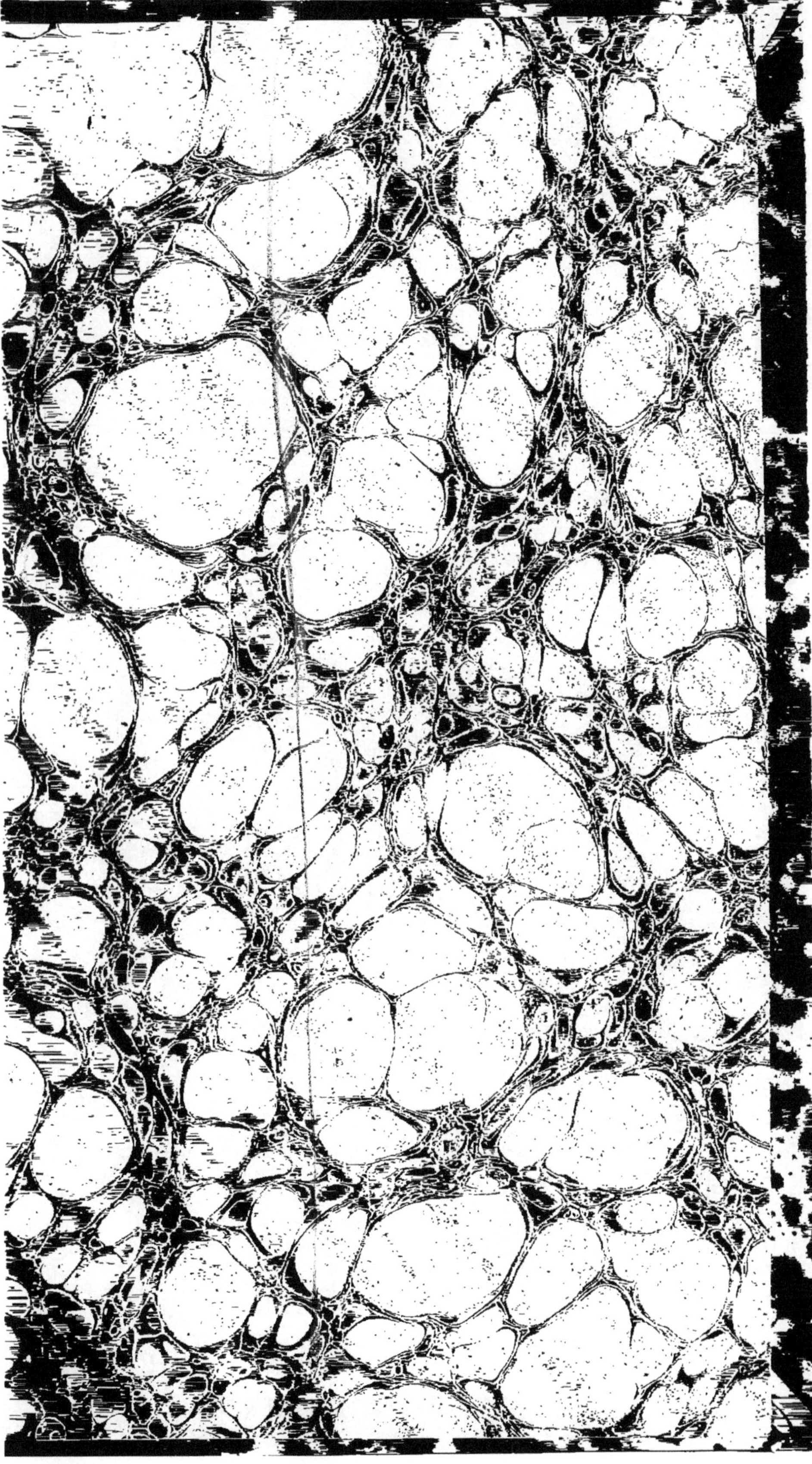

www.ingramcontent.com/pod-product-compliance
Ingram Content Group UK Ltd.
Pitfield, Milton Keynes, MK11 3LW, UK
UKHW022040190726
13855UKWH00002B/368

9 782013 354073